"互联网+"
创新创业的理论与实证

汪建成 ◎ 著

中国·武汉

图书在版编目(CIP)数据

"互联网＋"创新创业的理论与实证/汪建成著. —武汉:华中科技大学出版社,2020.10(2022.12重印)
ISBN 978-7-5680-6655-6

Ⅰ.①互… Ⅱ.①汪… Ⅲ.①互联网络-应用-企业创新-研究 Ⅳ.①F273.1-39

中国版本图书馆 CIP 数据核字(2020)第 193226 号

"互联网＋"创新创业的理论与实证　　　　　　　　　　　　汪建成　著
"Hulianwang＋" Chuangxin Chuangye de Lilun yu Shizheng

策划编辑：聂亚文
责任编辑：赵巧玲
封面设计：孢　子
责任监印：徐　露
出版发行：华中科技大学出版社(中国·武汉)　　电话：(027)81321913
　　　　　武汉市东湖新技术开发区华工科技园　　邮编：430223
录　　排：华中科技大学惠友文印中心
印　　刷：武汉市洪林印务有限公司
开　　本：710mm×1000mm　1/16
印　　张：11
字　　数：213 千字
版　　次：2022 年 12 月第 1 版第 3 次印刷
定　　价：45.00 元

本书若有印装质量问题，请向出版社营销中心调换
全国免费服务热线：400-6679-118　竭诚为您服务
版权所有　侵权必究

作者简介

汪建成,管理学博士,中山大学管理学院副教授、博士生导师,工商管理专业学术主任,美国科罗拉多大学博尔德分校访问学者,教育部全国万名优秀创新创业导师人才库首批入库导师;长期从事创新与创业管理、企业国际化经营领域的研究与教学工作;在《管理世界》《管理科学学报》《中国工业经济》等期刊发表论文三十余篇,出版著作四部;主持或参与多项国家级、省部级科研课题,主持或参与十余项企业咨询项目。

前　言

自 2003 年攻读博士学位开始,我就对中国企业自主创新问题产生了浓厚的兴趣,在导师的指导下,完成了多篇研究论文。毕业从教后,尤其是 2012 参加了在百森商学院举办的第一期"创业思维与行动"(Teaching Entrepreneurial Thought and Action,TETA)大中华区师资培训项目之后,创新创业成了我教学的主要领域,研究领域也涉足"互联网＋"创新创业、绿色创新、社会创业等方面。

"互联网＋"背景下的创新与创业是中国经济结构转型升级过程中绕不过去的两个主题,也是学术领域里的两个热门话题。我们的研究团队在过去的几年中,围绕这两个主题展开了长期的研究。本书为重要成果之一。

在这里我想感谢所有支持我们工作的人。我要感谢共同努力的研究团队,他们分工协助,负责或参与了其中部分章节的撰写工作,具体人员有陆永锐、盛景武、杨梅、吴镇雄、游苗、侯雪莹。同时,感谢书中所涉及企业的部分管理人员,以及各类企业接受调研的人员。在调研过程中,他们给予了大量的支持与帮助,给了课题组充裕的时间、给了我们灵感和情趣,让我们收获良多。

尽管对书中引用和借鉴的论文、新闻报道进行了标注,但难免挂一漏万,在此对所有引用和借鉴成果的作者表示感谢。本书仍需不断更新与完善,衷心希望各位研究者能够提出宝贵的意见。

汪建成
2020 年 6 月于康乐园

目　　录

| 第一章　导论 | 1 |

第二章　"互联网＋"创新与企业竞争优势 …………………………… 3
 第一节　"互联网＋"创新与企业资源的互补性 ………………… 3
 第二节　"互联网＋"创新与企业竞争优势的建立与维持 ……… 5
 第三节　"互联网＋"创新对企业战略选择的影响 ……………… 9
 第四节　本章小结 …………………………………………………… 12

第三章　企业"互联网＋"转型的动因、模式与绩效 ………………… 13
 第一节　"互联网＋"转型背景 …………………………………… 13
 第二节　"互联网＋"与企业转型 ………………………………… 15
 第三节　"互联网＋"与企业转型的实证设计 …………………… 24
 第四节　"互联网＋"与企业转型的实证结果 …………………… 34
 第五节　本章小结 …………………………………………………… 49

第四章　"互联网＋"关系维护对创业团队的影响 …………………… 51
 第一节　基于在线沟通的"互联网＋"关系维护 ………………… 51
 第二节　"互联网＋"关系维护与创业团队 ……………………… 53
 第三节　"互联网＋"关系维护对创业团队影响的实证设计 …… 59
 第四节　"互联网＋"关系维护对创业团队影响的实证结果 …… 71
 第五节　本章小结 …………………………………………………… 85

第五章　个人社会资本、虚拟集群与"互联网＋"创业 ……………… 87
 第一节　"互联网＋"创业的崛起 ………………………………… 87
 第二节　虚拟集群与"互联网＋"创新创业 ……………………… 88
 第三节　个人社会资本、虚拟集群与"互联网＋"创业实证设计 … 93
 第四节　个人社会资本、虚拟集群与"互联网＋"创业实证结果 … 107
 第五节　本章小结 …………………………………………………… 118

第六章　个人经验、他人经验与"互联网＋"创业学习 ……………… 121
 第一节　"互联网＋"与创业学习 ………………………………… 121
 第二节　经验、学习与"互联网＋"创业 ………………………… 122
 第三节　个人经验、他人经验与"互联网＋"创业学习实证设计 … 128

第四节　个人经验、他人经验与"互联网＋"创业学习实证结果 ……… 133
　　第五节　本章小结 …………………………………………………… 151
第七章　结论与讨论 …………………………………………………… 154
附录 A　微信红包对创业团队微信沟通及其沟通满意度的影响研究 …
　　…………………………………………………………………… 155
附录 B　个人社会资本、虚拟集群与"互联网＋"创业调查问卷 …… 158
附录 C　个人经验、他人经验与"互联网＋"创业学习调查问卷 …… 162
参考文献 ………………………………………………………………… 165

第一章 导 论

互联网的出现及发展为企业经营环境带来了巨大的变化：市场需求快速变化，企业间的竞争压力日益加剧。一方面互联网作为信息技术发展的应用基础，使信息的获取、交换和处理变得十分便捷，并与传统的企业资源相互补充，另一方面互联网也改变了产业的结构，使企业的竞争环境更加激烈。在此背景下创新创业活动必然会受到影响。

"互联网＋"的概念最早是由中国实业界提出的，但是这一概念被广泛使用是在其出现在政府报告中之后。目前，国内实业界和学术界都对其有不同角度的界定，而国外文献中与之对应的词汇可能有数字化、Web2.0等。李克强总理在2015年政府工作报告中首次提出"制订'互联网＋'行动计划"，旨在推动互联网产业与传统产业融合发展。2018年政府工作报告再次提出要充分发挥"互联网＋"对稳增长、促改革、调结构、惠民生、防风险的重要作用。无论是从互联网和企业竞争战略的研究现状和发展趋势来看，还是从企业利用互联网参与竞争实践来看，研究互联网对企业竞争优势的影响机制与影响效应都具有一定的理论和现实意义。

在实业界，腾讯研究院将"互联网＋"理解为：以互联网平台为基础，利用信息通信技术与各行业的跨界融合，推动产业转型升级，并不断创造出新产品、新业务与新模式，构建连接一切的新生态[①]。阿里研究院将"互联网＋"界定为：以互联网为主的一整套信息技术在经济、社会生活各部门的扩散、应用过程，强调其本质是传统产业的在线化、数据化[②]。这两个界定有以下几点共性：①以互联网平台和信息通信技术为基础；②强调互联网产业与传统产业的跨界融合；③重视数据的交换和流动；④最终落脚点在创新，以提升企业的竞争力。

在学术界，对"互联网＋"的阐述众说纷纭，而对其的界定主要集中在三个层面：企业、产业、社会。

在企业层面，李海舰等（2014）在对互联网思维内涵的阐释基础上提出，互联网对实体经济的意义在于组织心智的更新，强调互联网思维对传统企业运营模式的重新架构。通过打造"智慧型组织"，企业可以实现与复杂环境的动态匹配。从主体企业价值创造的视角出发，罗珉和李亮宇（2015）认为互联网改变了传统的商

---

① 腾讯研究院.腾讯"互联网＋"系列报告之一：愿景篇.2015-03-23.
② 阿里研究院."互联网＋"研究报告.2015-03-12.

业模式,使企业将重心放在通过"连接万物"的能力获取"连接红利"。从价值网络视角出发,互联网使企业之间的联系更加高效,降低了企业间信息的不对称程度,同时互联网平台等相关技术的发展为不同企业间技术和业务的融合奠定了基础,因此企业价值创造的载体从价值链转变成价值网络。程立茹(2013)提出,企业价值网络作为互联网时代一种创新型的组织形式,成员企业通过重新认识和调节企业之间的关系来实现价值的创造和分配。

在产业层面,赵振(2015)认为互联网彻底实现了产业结构的去中心化、经济活动的泛数据化、社会生活的物联网化,并进一步揭示了"互联网+"的本质。"互联网+"模式实质是实体产业价值链环节解构,并与互联网价值链"跨链"重组的共生现象,是原本独立的价值链条的若干个价值创造环节进行融合。从技术创新与商业模式创新的协同角度出发,刘建刚、钱玺娇(2016)认为"互联网+"战略的实质是通过互联网改造传统产业,即将互联网渗透入各产业产品研发、生产制造、销售物流等环节,从而促进产业转型升级。

在社会层面,许多政策解读者针对"互联网+"战略对经济和社会生活的影响做出了阐述。柳洲(2015)将"互联网+"看作旨在推动经济和社会系统不断逼近帕累托最优的动态演化过程。在这种视角下,通过运用互联网平台和信息通信技术,经济社会各部门的数据可以被大量储存、计算、分析,从而可以实现对生产服务模式和资源配置方式的不断优化,推动经济创新发展和社会高效运作。杨善林等(2016)将互联网视作一种人造战略性资源,通过不断融入商业、金融、制造业和公共服务等经济社会过程中,促进线上线下资源的深度融合与重构,从而推动生产和生活方式的变革。

以上三个层面的"互联网+"并不是互相割裂的,而是一个层层递进、逐步演化的过程。通过基于互联网平台的终端互联,企业内部、企业与消费者、企业之间的信息得以实现流动。运用大数据、云计算等相关技术,大量流动的信息得以被实时分析,从而能够实现动态优化,促进企业效率提升和创新。在微观层面,企业"互联网+"的过程通过层层联结的价值网络不断延伸,最终体现为整个产业的"互联网+",产业变革应时发生。在宏观层面,不同产业的变革不断推动整个社会经济要素的最优配置,最终表现为经济社会各个部门效率不断提升、协同能力逐渐提升。

随着我国经济发展方式转型和就业形势趋于严峻,创新创业越来越成为国家重要的发展战略。一方面,创新创业是民族进步的灵魂,创新创业能促进商业模式的探索和创新;另一方面,创新创业能较大缓解社会的就业压力。

当前中国商业环境下,大量中国企业正处于"互联网+"转型的关键时期,而创新创业活动也面临"互联网+"大背景的各种挑战。基于此,本研究主要从企业层面和创业者层面探讨"互联网+"创新创业的理论与实证问题。

第二章 "互联网+"创新与企业竞争优势

互联网+"同时改变着企业外部关系和公司内部运作的方式。企业不仅能够更好地预测市场需求以及对顾客的需要做出快速反应,而且能使公司以低成本有机整合企业的生产、营销、送货和客户服务等。这些变化对许多行业的竞争基础产生了深刻的影响。过去,传统企业之间的竞争集中在产品的特点及成本之上。现在,企业所采用的竞争战略也发生了变化,从以往采用单一的成本领先、差异化或集中化向战略融合演进。

在战略管理领域,将"互联网+"与企业竞争战略相结合的研究集中于电子商务的发展对企业竞争环境、竞争战略的影响。对深刻分析互联网从根本上改变企业的资源状况进而改变企业战略选择的这一战略前提的研究非常少见。到目前为止,企业竞争战略的研究前提仍是传统市场,缺乏从资源互补的角度对互联网给企业战略所带来的影响的深入研究。

第一节 "互联网+"创新与企业资源的互补性

资源基础观认为,企业可以通过两种途径获取竞争优势,一是开发战略性资源;二是通过把原有的资源与其他资源的补充与结合。互联网作为一种外部资源可以被任何企业所使用,所以它不能单独成为企业的竞争优势的来源,但它却可以作为一种补充性的资源。例如,企业可以在现有的供应商中最大化地利用互联网的信息共享的能力,与供应商建立互信的关系,进而形成企业的优势生产资源集。丰田公司 JIT(Just in Time,简称 JIT,准时制)生产得以实现,丰田公司与供应商之间的信息共享起了关键作用。

学界中对互联网与企业资源互补性的讨论以及实证研究仍然很少,而且很多时候,实证研究也得不到有说服力的结论(Powell & Dent-Micallef,1997;Zhu & Kraemer,2002;Song,Droge,Hanvanich & Calantone,2005)。互联网并不总是与企业的所有资源具有互补性。然而 Schlemmer & Webb(2009)的一项对英国中小企业的研究中,得出互联网与企业的商业资源和动态能力具有互补性。

一、互联网与企业商业资源的互补性

商业资源是能与互联网相互补充并为企业创造竞争优势的战略资产。它包括五个维度：与供应商和客户间的关系；外部驱动的电子商务；标杆管理；企业战略；财务资源(Schlemmer & Webb,2009)。

(1) 与供应商的关系在战略中变得越来越重要，现今市场中的竞争体现了企业之间供应链和价值链的竞争。利用互联网来巩固与供应商的关系涉及隐性的知识、复杂的协调和沟通技巧，这使得这种关系难以被模仿(Winter,1987；Hall,1993；Pollard & Diggles,2006)。Kotler(2002)曾指出，数字经济改变了企业的经营哲学——从"以产品为中心"转变为"以客户为中心"。互联网正是这种与消费者的关系转变的推手。企业通过互联网进行线上的客户服务可以弥补线下客户服务的不足。

(2) 外部驱动的电子商务是企业运用互联网的动力源泉。例如，沃尔玛在 2005 年就要求其前 100 家供应商向其配送中心发送货盘和包装箱时使用无线射频识别(RFID)技术。

(3) 互联网最突出功能在于帮助企业获取竞争情报，这为企业进行标杆管理提供了信息基础。

(4) Porter(2001)指出互联网的战略性使用结合了互联网和传统的竞争优势，在很多行业中使生产和采购变得更有效率，为企业带来了竞争的优势。

(5) 网络时代的到来，扩展了资本的范围，改变了资产的结构。基于互联网的财务管理，以节约整个企业内部的财务资源为出发点，实现了整个企业内部的、全面的、及时的管理。

二、互联网与企业动态能力的互补性

动态能力是企业对内部和外部的竞争能力进行整合、构建或者重置以适应快速变化的外部环境的能力，是通过组织学习获得的一个相对稳定的集体行为模式。这种能力可以被看成是知识的集合，企业可以看成是知识的库存。因此，企业吸收知识的能力对动态能力起着至关重要的作用，组织学习过程分为知识获取、信息分发、信息解释、组织记忆等四个阶段。企业获取知识的传统途径包括客户调查、竞争对手分析、报纸杂志、企业内部积累等多种，但这些途径存在成本高、时效慢和存量有限等缺点而互联网作为一种新的获取知识的途径则很好地解决了这一问题。而在信息分化方面，企业内部网的应用使原来的信息单向流通变成了网状沟通，大大提高了传递的效率。另外，信息技术的发展对提升组织信息解释和组织记忆具有积极意义,并最终会影响企业动态能力。

第二节 "互联网＋"创新与企业竞争优势的建立与维持

众多学者认为,技术作为一种限制因素决定了企业的机会集(Hiroyuki & Tsuyoshi,1992)。企业所采取的战略受到技术的影响(Hofer & Schendel,1978; Porter,1983、1985; Maidique & Patch,1988)。技术对企业战略的影响一般有三种方式:①作为企业竞争的一种武器(Abell,1980; Porter,1983、1985; Maidique & Patch,1988);②作为企业的一种约束,而企业必须要去适应(Hofer & Schendel, 1978);③作为企业的一种威胁(Cooper & Schendel,1976; Abernathy,1978; Tushman & Anderson,1986; Foster,1986; Anderson & Tushman,1990)。所以我们相信,互联网作为一种重要技术,必然要对企业的竞争战略有重要影响,它可能增强了或减弱了企业的竞争优势。

Porter(1980)把成本领先战略、差异化战略、集中化战略视为"三种提供成功机会的基本战略"。这三种基本战略概括起来,其实就是企业选择通过低成本还是差异化来获取竞争优势的区别。另外,针对成本领先和差异化这两种战略间的不同与一致,学者从各自的角度,得出差异化和低成本可以共存,即可以实施战略融合的结论(如 Hill,1988; Jones & Butler,1988; Murray,1988; Miller,1992)。

因此,企业获取战略优势可有三种选择:低成本、差异化或者两者结合。所以,本书将从低成本优势和差异化优势两个角度来探讨互联网对企业获取竞争优势的影响。此外,我们还探讨了一些基本的问题:互联网会对企业的战略制定带来怎样的影响? 它对企业获得可持续竞争优势能力而言,是增强了,还是减弱了? 在互联网背景下,企业采取哪种竞争战略最有效? 我们如何利用互联网来增强企业的竞争优势?

一、互联网对建立与维持低成本优势的影响

有学者认为,互联网能为企业节省营运管理成本(如 Gareiss,2000; Porter, 2001; Petersen,Welch & Liesch,2002)和交易成本(杨蕙馨,等,2008),然而这些看法至今仍存在着争论。几乎所有的企业和行业都可以在价值链中,通过加快信息的交换来降低营运成本。基于互联网的经营活动的优势在于企业选取商品、购买商品都可以在网上实现,支付宝(Paypal)的兴起使得电子化的支付也是实时的。由于可以得到商品销售的实时资料,企业只需要保持较少量的存货就可以满足需求,减少了存货中积压的资金,降低企业经济活动成本。此外,互联网的特点是开

放性和信息的共享性,因此企业可以通过互联网浏览到接入网络的信息。这种信息是跨地区或跨国界的,而且与传统的书面广告、传真、电话相比成本非常低。信息获得成本的降低间接地减少了企业的经营成本,改善了企业的经营环境,从而提升企业竞争优势。但是,仅仅提高经营的效率并不必然能带来竞争优势。企业只有将这种效率保持在高于其他竞争者的水平,才能获得优势。然而,即使在一个最好的环境下,这也是非常困难的,因为一旦某家企业经营得好,其他竞争者就会相继模仿。这种情况发展下去,就会导致许多企业都在用相同的方法做同样的事情。

在互联网对行业结构的影响中,一些趋势是乐观的,例如,互联网通过为消费者提供新的、直接的渠道,减弱了中间商的讨价还价能力;通过不同途径促进行业的发展;通过提升企业相对于替代品的竞争优势来扩大市场份额。但也有些趋势是悲观的,互联网大大减少了消费者"信息不完全"和"信息不对称"的情况。通过Baidu等搜索引擎的强大功能,购买者可以轻易获得关于价格分布的信息,从而降低了购买的搜寻成本。对相同或相似的产品,消费者仅仅以价格来做出购买决定,这显然会限制行业的收益性。因此互联网提升了消费者的议价能力,同时减轻了他们对已有销售渠道的依赖。

互联网的应用也快速扩大了企业的地域范围,将更多的企业引入竞争中,这将加强同行业间的竞争。另外,互联网往往减少了可变成本,使成本结构向固定成本倾斜,这就加大了企业的生存压力,对实施成本领先战略并销售无差异(或者差异不明显)产品的企业而言,价格竞争将是不可避免,由此也降低了企业的盈利能力。

另外还要考虑企业使用互联网的成本。与互联网能节省成本的多数派意见相反,现实中互联网节省的成本并不明显,有时甚至会产生更高的成本(Fattori, 2001; Heart & Pliskin, 2002)。这对在国外市场经营的中小企业来说尤为明显。互联网通常只是节省了传递文档、客户服务、中介服务、广告和促销费用;然而,这些费用的节省与企业的规模有着很大关系(Elie & Philip, 2009)。例如,客户服务费用的节省通常在较大的企业中更为明显,而广告促销费用的节省则在中小企业中更为明显(Riquelme, 2002)。利用互联网进行国际化的企业还要面对大量的其他费用,其中包括网站建设(包括软件及硬件的费用)、维护和更新的费用、网站翻译的费用、专业维护人员的费用以及扩大网站知名度的费用。建立一个网站可能是一项花费很大的工程,这取决于网站的复杂程度。最近调查显示,美国三藩市的一家眼科诊所 Scott Hyver Vision Care 仅仅为使诊所的网站在搜索引擎 Google 上获得靠前的排名,每年需要为咨询公司 Bruce Clay INC. 支付 15 000 美元的费用[1]。尽管随着时间的推移和技术的发展,网站开发的成本会有所降低。但是,为了保持客户的兴趣和维持竞争优势,网站的持续更新是必须的,这将会花费更多。由于维护网站运行需要持续的投资,所以对企业而言,互联网能否节省费用是不能保证的。Walzuch & Ludgren(2000)研究发现,在尼德兰,使用互联网进行商业交易的中小企业并没有得到更高的效率或者更低的成本。这些结论也由 Riquelme(2002)在对中国的大企业和小企业的研究中得到证实。因此,互联网不是必然会达到有效降低企业成本的期望,这就直接影响到成本领先战略的效果。所以,本书形成第一个命题。

命题1:互联网使企业能够较快和较容易获得成本领先的优势,但是却使得这种战略所带来的竞争优势更难以维持。

二、"互联网+"对建立与维持差异化优势的影响

差别化战略有多种实现方式:品牌形象、独特技术、性能特点、顾客服务、商业网络及其他方面的独特性。每种实现方式受互联网的影响程度也不完全相同,有些影响是积极或消极的,有些则同时存在积极和消极的因素。

由于互联网是一个开放的系统,任何企业只需要"电脑+网线"就能够通过互联网来获取竞争对手的信息。在知识产权保护薄弱的体系中,一旦企业把差异化产品公布在互联网上,相类似的产品很快就会在市场上出现,并成为创新企业的竞争对手。由于企业在产品开发阶段需要投入大量的资源和时间,而模仿者模仿并生产出替代品只需要较低的成本。这样,模仿者就能够以更低的价格与创新者进行竞争,甚至超越创新者。换句话来说,互联网在某种程度上对企业实行差异化战略产生了沉重的打击,减弱了企业的获利能力。但是,随着知识产权越来越受到重视,即使不能完全消除以上负面影响,也能大大减少这一悲剧的发生。而且当某个公司的所有创新活动,形成一种自我强化型的体系时,任何希望模仿的竞争者,就必须复制整个系统,而不仅仅是其中一部分。这就为企业建立起了模仿的壁垒。例如,自20世纪80年代以来,中国许多制造企业一直在学习丰田的生产方式,但效果不佳。其实不仅仅是中国企业,美国汽车产业也曾花500万美元,请 Jones 等三位教授考察全球汽车工业,探讨日本汽车生产方式的秘密[2]。然而,全世界都在学习探讨丰田模式,但如盲人摸大象,丰田模式变得越来越模糊。学

---

[1] 数据来源:日本 NHK 电视台纪录片《Google's Deep Impact》,导演:Tomoharu Okada,2007年1月21日。

[2] 考察结果后来整理为名著《改变世界的机器:精准生产之道》,James P. Womack,Daniel T. Jones,Daniel Roos 著,1999。

习丰田模式不应一味地模仿,因为零库存、看板在欧洲和中国等市场可能是不适用的。例如,丰田在日本本土,使用看板生产获得了成功,然而这一成功经验并没有在美国实施,而是通过即时统计,以3个小时生产标准统计结果进行反馈。这样既保障了生产的精确性,又符合美国当地的习惯。丰田模式并非千篇一律,在生产过程中,一定要考虑当地的实际情况,在借鉴中学习丰田模式。所以,尽管所有人都能在互联网上了解丰田模式的内容,但是并不是每家企业都能学到其精髓。这关键在于丰田的这种创新的整体性具有天生的模仿壁垒。

有人认为由于在线交易商缺乏诸如展室、个人推销和服务部门之类的潜在区分点,这就使得他们更难实行差异化。事实上,对于李宁公司而言恰恰相反。李宁公司曾任CEO郭建新指出,李宁在网上商店的产品品类,不管是当季的新品,还是过季的打折品,都比实体店丰富得多。① 实体店的产品种类、能辐射的范围都是有限的。一家实体店不可能容下李宁的所有商品,最多只能展示三五百种②,而李宁现有产品种类超过5000种。所以,网民在当地实体店买不到的李宁产品,都可以在网上商城买到。

另外,随着视频的出现、技术的进步和低成本宽带的普及,客户可以通过电脑就能直接了解产品的特性,甚至能够"感受"到商品的特性。例如在网上服装销售行业中,"网络试衣间"流行已久,消费者只需输入个人数据,就能创建一个模特,然后点击自己喜欢的服饰,就能自动穿戴到模特身上,可以直观地看到自己挑选的衣服、鞋、腰带等不同款式及颜色的搭配效果。而且客服代表可以直接通过电脑与客户交流,了解客户的需求,为客户定制个性化的产品。因此,互联网也能更好地推行差异化。

对于巩固差异化战略、定制化业务和提高匹配性而言,互联网提供了一个更好的技术平台(Porter,2001)。互联网技术以及软件技术的进步,将IT(Internet Technology,简称IT,互联网技术)变成了一个更为强大的战略工具。它使定制化的集合网络应用程序转化为公司独特战略定位变得更为容易。通过提供一个跨越价值链的共同IT配送平台,互联网也能建立真正整合的、定制化的系统。然而,所有的公司都能利用互联网技术,互联网本身是中性化的,只能成为竞争优势的互补资源。持久的竞争优势,来自诸如独一无二的产品和强大的客户服务和客户关系之类的传统优势,互联网通过系统地把公司所有业务整合在一起,从而增强这些优势。

Poter(2001)指出:从产业结构的角度来看,决定市场潜在利润的最关键因素是特定的产品领域中买方与卖方的固有力量。如果哪一方能被重视,或者拥有差

---

①② 数据来源:胡军华;月销售增长超10倍 李宁加码网购渠道;第一财经日报;2009年12月07日。

异化的产品,就能够获得讨价还价的能力,得到更多的价值。战略要求高度聚焦于盈利性,不仅是销售增长,而且是一种界定独特价值主张的能力。也就是说,与众不同,即比其他公司盈利性更强,就显得更为重要。所以,互联网为获得和巩固差异化的竞争优势提供了新机遇。

综上所述,互联网虽使差异化企业有被模仿的风险,但其净效应是正的,而且在互联网背景下,企业更需要利用差异化战略来获取竞争优势。因此,本书提出以下第二个命题。

命题 2:互联网使企业建立差异化的优势变得更困难,但是企业一旦建立起差异化优势以后,企业能够更好地保持其竞争优势。

第三节 "互联网+"创新对企业战略选择的影响

Porter(1980)认为,三种基本战略中(成本领先、差异化和集中化),每一种战略在创造和保持竞争优势方面都有不同的途径,一家公司如果未能沿三个基本战略方向中的任何一个方向制定自己的竞争战略,即陷入"夹在中间"的困境。

然而在学术界,针对成本领先和差异化的异同,学者从不同的角度得出差异化和低成本可以共存,即战略融合的结论。Hill(1988)、Jones & Butler(1988)指出,差异化和低成本战略是对立统一的。Hill(1988)指出,通过差异化可以达到低成本,差异化可以建立品牌忠诚度和增加产品吸引力。虽然短期增加了单位成本,但由于存在学习效应、规模经济、范围经济,单位成本在长期将会下降。类似地,Jones & Butler(1988)认为,既然按照 Porter 的说法,差异化就是提高成本投入,那么公司则是在低成本维度(成本领先)和高成本维度(差异化)之间进行选择。差异化和低成本是同一轴上的两端,两种战略的差别只是程度上的不同,从一端可以走向另一端。相反地,Murray(1988)和 Miller(1992)则从两种战略的不同之处着手,得出企业可以追求战略融合的结论。Murray 发现这两种战略的外部条件集合不同:成本领先战略的外部条件主要来自行业结构特点,差异化的前提条件主要来自消费者品位。由于这两个外部条件集合相互独立,所以企业可以同时追求成本领先和差异化,对这些企业,Hill,Jones & Zhou(2007)称之为广度差异化企业。

在长期中,定位于广度差异化的企业可能同时对成本领导者和差异化企业构成严重威胁,随着竞争优势的增加,它们可以提供越来越多的顾客价值,从而将价值边界向外推移(Hill,Jones & Zhou2007)。丰田就是一个成功的广度差异化的例子。丰田的前任社长渡边捷昭指出,丰田可以创造出比其他公司更高的生产效率,并成为其他公司学习的榜样。但仅仅提高生产效率,以更低的成本进行批量生产已经不合时宜。丰田模式是一种不断改进、强调持续创新的企业精神。这种精神早已渗透丰田的各个层面,而不仅是生产层面。

此外,Hall(1980)、Miller & Friesen(1986)、Wright(1991)、Miller & Dess(1993)、Kumar(1997)、Parnell(2004)、Spanos(2004)等人,对战略融合的实施从实证的角度予以验证。通过对不同国家、行业的研究,对战略融合与绩效之间的相关关系得出了各自的结论。除了一些行业之外,大多数研究认为战略融合与好的绩效存在正相关。

当然,Porter的理论在20世纪80年代有其合理性,然而随着时代的发展,其局限性也凸显出来。Lewis(1997)认为,网络经济不遵循供需平衡的古典经济学规律,它推翻了后工业时代的效率理论、边际效益递减理论以及成本效率理论,互联网正在迅速成为一只无形的手,将在21世纪推动着千万个产业的发展。20世纪90年代以来,互联网的出现及发展推动了企业采取战略融合。

一、产业融合需要战略上的匹配

技术创新是推动产业融合的根本原因(张磊,2001;周振华,2002,等),通过产业间的互补和延伸,实现产业间的融合。互联网的普及和信息技术创新,一方面促成了信息产业与其他产业的融合,(如,李宁则实现了传统产业与电子商务的融合);另一方面互联网在不同产业之间扩散,使不同产业形成共同的技术基础,模糊了产业链之间的边界,最终导致产业融合。传统上,交易成本决定了企业的边界,由于协调各产业的发展要产生巨大的信息成本,这就决定了大多数企业都只能在单一的产业,甚至是其中的某个环节中发展,互联网出现和信息技术的发展能够有效降低这一成本。不同产业的融合需要不同的战略与具体战略环境相匹配,互联网促使了战略融合成为可能。

二、连续的价值链活动使战略融合得以实现

企业对价值链的管理不能再像传统经济时代一样,仅在价值链的某个环节上追求低成本或差异化。根据环境、资源的不同,一些企业可以在整条价值链上的不同环节分别追求低成本和差异化。比如在R&D环节以差异化战略满足消费者的个性需求,而在生产环节追求低成本。Porter(1980)认为,价值链中的活动互相联系时,改变其中一项活动的实施方式便可以降低二者的总成本。随着互联网的出现和发展,价值网的概念被学界提出。它将顾客日益提高的要求与有效率、低

成本的制造相连接,采用数字信息将合作的提供商连接在一起,以便交付定制化的解决方案;将运营设计提升到战略水平,适应不断发生的变化(Bovet & Joseph,2000)。例如,一家企业完全可以利用全球价值链的优势,在澳大利亚获取原材料,在印度设计,在中国制造,最后在欧美销售。所以,互联网为价值网设计提供了一种特殊的推动力,通过对联系的价值网的不同节点采用不同的战略,这就使战略融合具有了可实现性。

三、客户中心化使战略融合成为必然

互联网使企业的经营哲学从"以产品为中心"转变为"以客户为中心"。那么消费者将不再像在传统经济环境中一样受厂商支配,他们按照自己的需求来寻找商品。一般而言,消费者在可以选择的情况下,会选择个性化而非大众化的产品、低价而非高价的产品。仅有单一优势的产品很快处于被淘汰的行列。所以,消费者的需求要求企业进行战略融合。在丰田公司,围绕客户价值持续进行创新就是丰田模式的全部,其目标就是为客户提供性价比高的产品。1999年,时任丰田汽车株式会社长的张富士夫对外公布了"丰田CCC21——21世纪成本竞争力建设计划",目标是连续3年将成本削减的幅度控制在平均30%的水平。这一计划震惊了世界汽车业。2005年6月,渡边捷昭接替张富士夫出任丰田汽车株式会社社长。作为丰田CCC21计划执行人的渡边捷昭在其任期为丰田节约了100亿美元的开支。丰田模式使得丰田享有了低成本的竞争优势,但是丰田汽车之所以成就今天的地位,在于其杰出的取悦消费者的能力。丰田拥有近50多个著名的品牌,既有面向全球的车型,又有针对各地市场的车型。丰田于1997年开始销售的混合动力车普锐斯是典型的丰田式创新。当时石油资源日益紧张、价格飙升、全球变暖广受关注,丰田果断推出世界首款混合动力车,截至2009年年底,其混合动力车普锐斯全球销量超过110万辆。杰出的性价比是丰田产品最为核心最为直接的竞争力。尽管丰田接二连三地发生召回事件,丰田公司的成就依然是不可掩盖的。从2003年起,其盈利水平就超过了所有的汽车公司,纯利润连续数年超过了美国通用汽车、福特汽车和戴姆勒—克莱斯勒的总和。

综上所述,互联网间接上促进了企业对成本领先战略与差异化战略的同时使用。战略融合下的价廉(成本领先)物美(差异化)的产品由此具有了成长的优势。所以,本书提出以下第三个命题。

命题3:互联网推动企业采取战略融合,有利于企业建立和维持低成本与差异化融合的竞争优势。

第四节 本章小结

本书首先从资源互补的角度,对互联网与企业的商业资源与动态能力的互补性进行分析,阐述互联网与企业的商业资源和动态能力具有互补性的观点。接着分析了互联网对企业的成本优势、差异化战略优势,并促进企业采取融合的战略来获取竞争优势,最后针对互联网对各种战略建立和保持竞争优势提出三个命题:①互联网使企业能够较快和较容易获得成本领先的优势,但是却使得这种战略所带来的竞争优势更难以维持;②互联网使企业建立差异化的优势变得更困难,但是企业一旦建立起差异化优势以后,企业能够更好地保持其竞争优势;③互联网推动企业采取战略融合,有利于企业建立和维持低成本与差异化融合的竞争优势。"互联网＋"创新与企业竞争优势:基于资源互补的视角如图2-1所示。

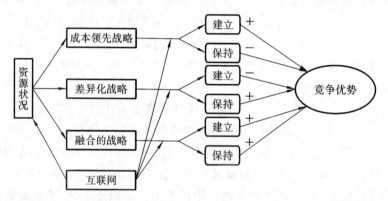

图2-1 "互联网＋"创新与企业竞争优势:基于资源互补的视角

本书是一个探索性研究成果,还有很多的局限性。首先,由于互联网对企业作用力的力量随产业、企业规模、甚至是单个企业等众多因素的不同而不同,所以无法得出关于互联网对企业所采取战略的竞争优势影响的一般结论。其次,传统经济学规则对互联网的解释是不完全的,而现有的互联网的诸多规律尚待验证,以此作为研究的基础,可能需要更多的甄别。最后,学界中对互联网与企业资源互补性的讨论以及实证研究仍然很少,而且大部分的实证研究也得不到有说服力的结论。所以希望本书能引起更多的讨论,以期为企业实践提供借鉴。

第三章 企业"互联网＋"转型的动因、模式与绩效

第一节 "互联网＋"转型背景

随着互联网用户的爆炸式增长,互联网已经渗透人类生活的方方面面,人类社会从工业经济时代跨入了互联网时代。在互联网时代,商业形态发生了巨大的变化。互联网改变了交易场所、拓展了交易时间、丰富了交易品类、加快了交易速度、减少了中间环节(李海舰等,2014)。此外,商业价值创造的来源也呈现多样化的趋势。作为商业活动的主要驱动力,价值创新的改变对商业模式的影响毫无疑问是巨大的(罗珉、李亮宇,2015)。互联网带来了成本结构、运作结构和交易结构的重大改变,使传统企业需要从以生产和服务为核心的体系转为以信息和数据为核心的体系(谢康等,2016)。

大量传统企业由于没有及时对互联网带来的变化做出反应,面临着生存发展的巨大考验。以传统零售企业李宁为例,由于电子商务的冲击,2012年其关店1821家,当年亏损额达到19.79亿元[①]。正如海尔集团董事长张瑞敏所言,企业要么触网要么死亡。互联网不仅仅是企业可用的资源,更是企业能力的衍生,这些能力帮助企业创造出"新竞争手段",可以颠覆传统强势在位企业(赵振,2015)。

在商业领域,电子商务不断颠覆传统的商业模式,改变着传统产业的竞争格局。互联网的"脱媒"功能使得供需双方可以不借助分销渠道而直接互动,减少了交易的中间环节,提高了交易的效率。通过直接接触消费者,企业可以更为准确地感知市场,获取消费者需求相关信息,为产品或服务的改进提供依据,进而通过不断创新来保持企业的竞争优势(Gray et al.,2013)。此外,大数据、云计算等技术的发展可以帮助企业更快、更有效地处理消费者产生的海量碎片信息,从而使企业获得精准营销和超前预测的能力(Mcguire et al.,2012)。

在工业领域,德国提出了"工业4.0",美国制订了"先进制造业国家战略计划",中国也推出了"中国制造2025"的战略规划。尽管提法各不相同,但都旨在推

---

① 新华网.李宁去年巨亏20亿关店1821家,运动品牌入寒冬.2013-3-27.

动制造业全面智能化转型。中国也一直在积极探索推动工业化和信息化融合（简称两化融合）。两化融合实质就是利用信息化的技术来满足工业化的需求，具体包括技术融合、产品融合、业务融合、产业衍生四个层面[①]。一方面，通过信息技术和工业技术的有机融合，制造企业可以实现技术创新。随着创新技术在产品中的逐渐渗透，产品附加值提升，企业的竞争力也得以加强。另一方面，通过信息技术在制造企业价值链各环节的有效利用，有助于企业业务创新和管理效率的提升。

互联网和信息通信技术的发展催生了一大批天生互联网企业。这些企业从一开始就享受着互联网带给的红利。但是，随着虚拟经济与实体经济的大规模融合，一些天生互联网企业也开始遭遇发展的瓶颈。以国内手机行业为例，从2010年成立以来小米就在不断创造奇迹，而在其估值顶峰的2014年销量开始发生下滑。根据IDC最新数据，小米手机2016年全球市场份额跌出前五，被拥有强大线下渠道的OPPO和VIVO超越[②]。虚拟经济没有实体经济的支撑，终将会化为泡沫。只有虚拟经济和实体经济完美结合，虚拟经济才能变为真正创造价值的新经济。

在这种背景下，李克强总理在2015年政府工作报告中首次提出"制订'互联网＋'行动计划"[③]。随着一系列利好政策相继出台，云计算、大数据、物联网和相关产业迅速崛起，不断催生出新应用和新业态，推动传统产业融合发展。由于互联网用户行为全面向移动端转移，移动营销正在成为企业宣传推广的重要渠道。以信息技术和互联网平台为基础，企业利用互联网思维不断革新服务模式，促进互联网与传统服务业深度融合，"互联网＋"服务业正在发展壮大。在工业领域，"中国制造2025""工业4.0"不断推进信息化和工业化深度融合，以互联网为核心的信息技术正在推动智能制造从战略规划到实施落地。

当前，众多企业处于"互联网＋"战略的关键时期，而企业也面临着各种各样的挑战。一方面，企业普遍缺乏互联网相关技术和经验，对"互联网＋"战略本身和模式理解不够深刻；另一方面，企业对"互联网＋"战略与绩效的影响关系尚不明确。因此，运用实证研究揭示企业"互联网＋"战略的动因、模式与绩效关系具有很强的现实意义。

---

① CIO时代网.信息化和工业化的融合之路.
② IDC.全球手机季度跟踪报告.2017-2-1.
③ 李克强.政府工作报告.北京：十二届全国人大三次会议.2015-3-5.

第二节 "互联网+"与企业转型

一、企业转型理论

关于企业转型的概念,目前尚未有明确的定义。由于国内文献常常将转型升级连用,而吴家曦、李华燊(2009)认为企业转型升级可以从转型和升级两个层面来理解。企业转型具体表现为转行和转轨,涉及企业在不同产业之间的转换和不同发展模式之间的转变;企业升级指企业通过获取技术能力或市场能力改善自身的竞争力,从而使企业进入高附加值产品生产或服务提供的过程(Gereffi,1999;Humphrey & Schmitz,2000;Poon,2004)。部分学者将企业转型理解为组织变革或企业再造。从宏观的视角出发,企业转型是组织在认知上、思考上以及行为上的全新改变,以使得企业竞争力增强的过程(Blumenthal & Haspeslagh,1994)。从微观的视角出发,企业转型是对原有组织流程的重新思考,并通过管理变革使企业在成本、质量和服务等方面获得跨越式改进的过程(Prahalad & Hammel,1990;Hammer & Champy,1993)。

通过梳理相关文献,企业转型大致有两个方面的内容:一是企业跨行业转型,主要指企业在不同行业或不同领域的转变(吴家曦、李华燊,2009);二是组织管理层面转型,指企业为适应外部环境的变化或为提高内部运作效率,在企业组织结构、管理模式等方面的优化过程(孔伟杰,2012)。综合以上,本书认为企业转型是企业基于战略思考变革自身的过程,即通过对自身所处环境的分析和对自身产品/业务、组织流程和商业模式等的重新思考,通过变革以使自身更具竞争力并提升应对环境转变弹性的过程。

受全球性金融危机的影响,粗放式经济发展模式长期积累的问题开始集中爆发。因此,企业转型升级是新兴经济体最重要的企业行为,也是中国管理领域的热点话题。伴随着中国经济进入新常态,经济增长从高速转为中高速,经济结构不断优化,经济增长的动力从要素驱动、投资驱动转向创新驱动[①]。在这种转变下,中国企业转型升级的需求也变得前所未有地迫切。

近年来,国内外学者主要围绕工业企业的转型升级开展了大量的研究。而在英文文献中,没有与企业转型升级相对应的术语,只有企业转型或组织转型(transformation)和企业升级(upgrading)。根据毛蕴诗等人(2015)的文献研究,

---

① 新华网.习近平首次系统阐述"新常态".2014-11-9.

现有关于企业转型升级的文献主要关注内容包括：转型升级的概念、动因、战略和绩效衡量。关于企业转型升级的概念，在前述部分已经进行了阐述，那接下来主要对企业转型的动因、模式、战略与绩效衡量等进行梳理。

（一）企业转型的动因

关于企业转型的动因，目前研究多关注外部环境因素和内部组织因素。在前人研究成果基础之上，Barker & Duhaime(1997)提出企业战略变革的压力和企业自身的能力是促成企业转型的两大动因。企业战略变革的压力主要影响因素有行业因素和公司自身的业绩表现，而企业自身的能力主要包括企业拥有的资源，如资金、人力资本、声誉等。国内学者吴家曦、李华燊(2009)认为，企业转型升级的动因主要有两类：一类比较主动，包括企业基于长远发展和自身发展水平及机会的考虑；另一类比较被动，主要有宏观环境的推动、市场竞争的加剧和企业出于成本方面的考虑等。

在信息技术和互联网高速发展的背景下，技术的革新伴随着商业模式的创新，这些都对传统产业发起了巨大的挑战，因此传统企业面临着严峻的外部环境压力。如果企业面临着业绩下滑的巨大压力，而且企业有充分的资源，那么企业更可能实施战略变革(Ginsberg,1988)。王德鲁等人(2006)认为，追求持续成长的企业必须保持对自身所处环境的敏感，当原有产业难以保证自身足够的成长空间时，应该适时地进行转型。从政府管制的角度出发，Reger et al.(1992)研究发现在管制环境较为稳定时，企业会采取渐进的变革行为，而当管制环境快速变化时企业需要采取激进式变革行为。

除了外部环境的影响，企业的能力和资源在推动企业转型过程中扮演着重要角色(Barker & Duhaime,1997)。如果企业的产品或服务涉及的领域越多，那么企业拥有的资源就越丰富，企业通过重组这些资源来变革的可能性就更大，从而机会就越大。Hambrick & Finkelstein(1987)研究发现，企业多元化程度越高，企业实施战略变革的动机越强。企业拥有相关资源并掌握关键能力为企业转型奠定了基础，这些资源包括资金、人力、技术等。以日本纺织业为研究对象，Colpan & Hikino(2005)指出企业跨产业转型具有路径依赖性，企业原有的资源和能力会对企业转型战略产生影响。

外部环境的压力和企业拥有的资源能力为企业转型提供了可能，而企业家精神为企业转型提供了最后的推动力。企业家精神内含创新的特质和较高的企业抱负，这都对企业转型至关重要。Winter(2000)认为，企业家抱负水平会影响组织对学习的投资程度，在动态环境下可能引发较大程度的组织变革。贺小刚、李新春(2005)通过经验数据验证了企业家能力和企业成长之间的关系，其中战略能力涉及企业家协调外部竞争环境变化的能力。以中国浙商为例，许爱玉(2010)研究了企业家能力对企业转型的影响,认为企业家能力可以引领企业实现创业转型、战略转型和管理转型。

(二) 企业转型的模式

企业转型升级涉及不同的产品或服务、市场环境等,因此需要企业通过动态能力、组织学习等来克服转型中的阻力。动态能力指企业整合、建立和重构内外部资源以快速适应环境变化的能力(Teece et al.,1997)。组织学习通过响应外部环境的变化,可以实现对市场和技术信息的捕捉。它是构建动态能力的前提。

企业转型需要企业具备相应的技术和能力,而这种能力通常需要企业通过学习吸收获得。从延续和变革的平衡角度出发,March(1991)认为,组织需要在现有知识和能力进行开发与对新知识和技能之间探索取得平衡。Leonard(1995)提出,企业需要开展各种活动以克服不同认知和功能障碍,通过运用新的方法论、新的实验来获取知识技能。此外,企业往往可以通过和相关企业的合作来提升自身的知识和技术水平。组织之间的联系可以帮助企业获得资源并创造出竞争优势(Dyer & Singh,1998)。大量研究证明,战略联盟和企业网络能促进企业间知识技术的流动,也可以为企业提供互补性资产、外部合法性和地位(Baum et al.,2000)。基于中国转型经济的背景,程虹等(2016)提出中国企业转型升级需要重视创新投入和技能型劳动力的培养和使用,更多形成面向市场竞争的核心能力。

按照技术资源的来源不同,转型企业技术能力的培育主要有原有技术能力的挖掘再利用和基于新产业的技术学习两种模式(王德鲁,2006)。一般来说,影响模式选择的因素主要有以下几点。①产业关联度。如果企业转型涉及跨行业,那么跨度越大,企业原有的技术能力体系在新产业里价值将越低,此时企业更可能会采取以并购合作等方式获取相应的技术资源。②企业所处产业生命周期。企业所处产业周期阶段会影响企业的资金实力,也会成为企业转型的动因,最终影响企业转型的方式。③技术机会。如果企业所处行业将会因为某种新技术或新模式而发生深刻的变革,那么企业将会有更大的动力去获取相应的技术,此时模式的选择将基于企业在新技术或新产业的技术积累情况。④企业融资难易程度。如果企业融资相对容易,将更可能通过并购参股的方式来获取企业转型所需的相关技术和能力。

(三) 企业转型战略与绩效

国内外关于企业转型的研究多关注工业企业,而根据转型涉及层次的不同,Humphrey & Schmitz(2000)提出了企业转型升级的四种类型:过程升级、产品升级、功能升级和跨产业升级。基于这种分类,Kaplinsky & Morris(2001)研究了四种升级类型之间的联系,并总结提出了升级实践和绩效的衡量指标。一般来说,企业转型升级是这四种升级类型的阶梯式上升过程。这四种升级类型存在层层递进的关系，从价值链局部到整体，附加值由低到高。针对这四种不同的升级类型，升级绩效的衡量标准也大不相同。总的来说，企业升级绩效的衡量一般会有新产品/市场销售收入比重和企业整体的盈利能力。

通过分析企业转型的整个过程，Kotnour（2011）提出了系统的企业转型理论，并认为企业转型绩效包括三个部分：转型准备，用来描述企业转型准备充分程度；转型绩效，主要反映企业完成所需变革的程度；企业绩效，重点关注企业整体的绩效，比如财务绩效。

除了企业自身的资源和能力以及企业家能力，企业转型模式对转型绩效有着重要的影响作用。根据企业转型的产业跨度，王德鲁（2012）将企业转型分为强相关和弱相关。在企业转型过程中，强相关的企业可以较多地利用到在原有产业积累的资源和能力，可以有效提高企业转型的效率。Pehrsson（2006）通过实证发现，原有产业与新进产业的关联程度与企业绩效呈正相关关系。基于对中国优秀企业的案例研究，李廉水等人（2004）将进入新产业的方式分为内部培育和外部发展。内部发展主要通过自主培育，目标较为明确，但需要较长的投资周期。外部发展主要包括参股控股和资产重组等，外部发展可以快速进入新产业，需要企业具备较强的整合能力。Biggadike（1979）研究发现，通过内部发展新建业务的方式投资周期较长，而通过并购方式且能够实现有效融合的话企业将很快获利。

总的来说，现有企业转型研究多关注工业企业，研究方法主要为案例研究，研究内容主要涉及企业转型升级的概念、动因、战略与绩效。关于转型升级的概念，在学术界已经有较多探讨，在实质内涵层面也基本达成了一致。在企业转型动因的研究方面，学者主要关注内部组织因素和外部环境因素，内部组织因素主要包括企业可利用的资源、积累的能力以及企业家精神，外部环境因素主要包括技术和市场环境、竞争环境等。在企业转型战略的选择方面，目前研究多关注转型的路径、方式和方向。企业转型战略选择会影响到企业转型绩效，而企业转型绩效的衡量标准主要包括新产品/业务收入占比和企业整体财务绩效。

二、公司创业理论

创业研究从一开始是关注创业者的个人特质，但随着大型公司内新创事业的大量出现，其局限性日渐凸显。Miller（1983）首次将创业研究的焦点放在公司内的创业活动上，研究了在不同类型公司里决定创业的因素。在此基础上，Pinchot（1985）提出了在大型的已建组织内进行创业的理论，即内创业理论，并认为内创业指发生在大公司或独立的战略业务单元内部的，以创建内部实验市场、改进管理和技术为目的的创新活动。

关于公司创业的界定,目前在学术界还没有形成一致意见,通常来说有狭义或广义之分。狭义的界定强调公司创业是从事创造新业务的活动,指利用组织内现存的创业资源或人员进行的新业务开拓活动(Burgelmam,1983;Jenning & Young,1990;Carrier,1994;等等)。广义的界定强调公司创业是包含多类创造或创新活动的过程,指在已建立公司通过资源重新整合,实施产品技术创新、组织创新、战略更新、创造新事业等创新活动的一种内部组织过程(Zara,1991、1993;Antoncic & Hisrich,2001)。

纵观国内外学术界对公司创业的定义,其呈现由窄变宽的趋势。因此,本书认为公司创业是在现存企业内部,并得到组织授权和资源保证的创新或创造活动。这些活动可能涉及新业务开发、产品或技术创新、组织变革和战略更新等。

通过以上对主要概念的界定,本书认为"互联网+"战略其实质是企业借助互联网相关技术与传统产业融合发展的企业转型行为和公司创业行为。企业转型理论在不同的时代有不同的情境,在当下互联网产业与传统产业融合发展的背景下,"互联网+"转型是企业转型理论的热点话题。此外,"互联网+"战略涉及企业业务流程、组织结构、商业模式等的重新构造,因此其本质是企业追求可持续发展的公司的创业行为。目前,学术界在企业转型理论和公司创业理论方面已经有较为丰硕的成果,这些为本书接下来运用企业转型理论和公司创业理论来分析"互联网+"战略提供了理论基础。

在知识经济时代,市场和技术变化层出不穷。这为企业可持续发展带来了巨大的挑战。企业要保持竞争优势就要不断革新自己,在现有基础上开展二次创业。因此,公司创业成为学术界和实业界共同关注的热点话题。就目前来说,学术界对公司创业的研究主要关注:公司创业的内涵、类型、衡量以及对绩效的影响关系。关于公司创业的内涵,在前述部分已经做过阐述,接下来主要就其他方面展开梳理。

(一) 公司创业的衡量

关于公司创业的衡量,学术界主要关注公司创业维度的划分,因为其架起了公司创业理论与实证检验的桥梁。尽管不同研究者对公司创业维度有不同的划分观点,但在关键维度上学术界还是达成了基本的一致。

Miller(1983)提出了公司创业的概念,并指出公司创业是一个多维度构念,主要包括创新性、战略前瞻性和风险承担性。Miller的这一划分得到了后来研究者的广泛认可(Covin & Slevin,1988;Covin et al.,1994;等等)。Lumpkin & Dess(1996)明确提出公司创业体现在创业导向,并定义了创业导向的五个维度:独立性、创新性、风险承担性、主动性和竞争积极性。目前,大部分研究都将创新性、战略前瞻性和风险承担性作为创业导向的维度。

(二) 公司创业的类型

根据公司创业形式的不同,学术界对其外延有不同的划分。综合了创业战略的文献,Stopford & Baden-fuller(1994)提出公司创业主要有三种类型:①新业务的拓展;②组织转型或再造;③改变行业的竞争规则。而根据 Covin & Miles(1999)的分类,公司创业有四种形式:①持续再生(sustained regeneration),指产品的推陈出新和已有产品打入新市场;②组织复兴(organizational rejuvenation),指组织在流程和结构上的创新;③战略更新(strategic renewal),指企业在竞争方式上的变革;④领域再界定(domain redefinition),指新产品市场定位的创造。综合以上分类,公司创业涉及新产品或业务的开发、组织变革、战略更新等。

此外,根据创业源的不同,公司创业也可以分为不同的类型。Antoncic(2001)将公司创业区分为两个互补的部分:一个是企业内内创业(intra-firm intrapreneurship),另一个是企业间内创业(inter-firm intrapreneurship)。企业内内创业关注企业内的创业过程,企业间内创业则聚焦于企业间的创业过程,如企业联盟和企业网络。此外,Chang(2001)也指出公司创业可以分为内源创业(intrapreneurship)和外源创业(exopreneurship)。内源创业是指在内部寻求创新源的创业活动,外源创业是指通过在现存企业边界之外寻求创新源的创业活动,如通过购买、外包、外部股权投资和战略联盟等。

(三) 公司创业战略与绩效

公司创业作为企业的战略性行为,常常关注各种形式的创新,比如组织变革、战略更新等,因此会对组织生存发展和绩效存在影响(Kazanjian et al.,2001)。从资源基础观的视角,公司创业是积累、转化和开发利用资源以达到战略目的的重要方式。有效的公司创业可以帮助企业创造知识,而这些知识嵌入在企业的人力资本中。企业利用这些知识可以实现创新,从而超越竞争对手获取竞争优势(Dess et al.,2003)。

一些实证研究发现,公司创业行为与企业绩效呈正相关关系(Zarha & Covin,1995;Lumpkin & Dess,1996;等等)。但随着公司创业研究的深入,学术界也开始发现公司创业战略与企业绩效间关系的不一致。一些研究开始提出,公司创业和绩效之间的关系受到战略和环境因素的影响(Covin & Slevin,1989;Dess et al.,1997;等等)。Smart et al.(2011)发现,公司创业导向与绩效之间的关系并不显著,在特定的环境和组织背景下甚至会恶化。张映红(2008)研究了动态环境下不同公司创业战略与绩效之间的关系,发现动态环境对先动性与绩效的关系具有负向调节作用。

除了组织因素和环境因素,近年来开始有学者关注企业网络对公司创业战略和绩效的影响关系。作为一种新兴的网络组织,企业集群被认为有利于企业创业活动的实现(张玉利,2003)。以传统的企业网络关系为研究对象,Teng(2007)研究了战略联盟有助于公司创业活动的内在机理。通过浙江省 117 家集群企业的实证研究,姚先国(2008)发现,企业网络资源、创业导向与集群企业的绩效呈显著正相关,企业网络资源显著提高了创业导向对企业绩效的正向影响。

综合来看,公司创业研究已经有大量的文献,而这些研究主要关注公司创业的内涵、维度和类型以及其对企业绩效的影响关系。关于公司创业的概念、维度和类型,学术界已经做出了较为充分的探讨并达成了基本的一致。而关于公司创业和企业绩效的影响关系,现有研究存在极大的分歧和不一致。究其原因,主要是因为公司创业与企业绩效的关系不仅受到企业自身的影响,而且会受企业所处市场和竞争环境的干扰,因此揭示环境特征对这一关系的调节作用成为当下研究的热门。此外,目前研究较少关注公司创业类型与公司战略匹配对企业绩效的影响关系。

三、互联网相关研究

(一) 互联网对企业的影响

20 世纪 90 年代以来,互联网及信息技术开始被中国企业采用,进入 21 世纪后企业在信息技术方面的投资逐渐扩大。一方面,互联网及相关技术的使用可以帮助企业提升资源配置的效率,提升企业对环境变化的适应性和灵活性。另一方面,互联网及相关技术改变了企业的组织结构,不断颠覆传统的商业模式,推动着产业融合发展。

宋远方、成栋(2003)认为信息技术对企业的改变体现在三个层次:替代性改变、功能整合升级、结构性变化。运用信息技术,企业可以将一些烦琐的业务程序化,提高业务的效率,减少人为处理可能的损失。通过将先进信息技术嵌入人工智能,企业可以实现部分生产或服务的自动化、智能化。此外,信息技术与传统产业的价值链整合,不仅可以提升企业的效率,而且可以通过互补性融合创造企业的竞争优势,实现企业的升级。最后,信息技术的使用提高了资源配置的效率,使得整个经济社会高效协同运作,改变传统经济部门的结构。

从互联网资源属性的角度出发,侯汉坡等(2010)分析了互联网的技术性、公共性和渗透性特征,并探讨了互联网对现实经济的影响。在交易层面,互联网平台减少了信息不对称,提高了交易的效率。在内部运营层面,互联网提升了资源配置的效率,增强了管理的有效性。在组织结构层面,互联网及相关技术的使用使企业对环境的变化更具灵活性和适应性。在商业模式方面,互联网通过其强大的渗透力不断革新传统产业的商业模式,并与其他产业融合发展。

周振华(2003)认为互联网与传统产业的融合将会表现出信息化、数字化、智能化的趋势,而产业融合也将跨越产品、业务和市场三个层面。聂子龙,李浩(2003)提出,产业融合有四种方式:高新技术的渗透融合、产业间的延伸融合、产业内部的重组融合和替代性融合。互联网经济下的产业融合就属于渗透性融合,即互联网技术对传统产业的渗透融合,也可以说是信息技术产业和传统产业的融合。

近年来,随着移动互联网、云计算、大数据、物联网为代表的新一代信息技术快速发展,经济社会逐渐从 IT 时代转向 DT(data technology,数据处理技术)时代。技术的创新伴随着商业模式的创新,一系列新模式和新业态逐渐呈现,传统在位企业面临着巨大的生存发展压力,这促使在位企业积极拥抱互联网,以使自身在新的模式下依然保持竞争力。此外,互联网具有公共性,借助互联网平台企业可以接触消费者、供应商和合作伙伴,企业通过运用相关技术可以与消费者保持密切联系,与供应商和合作伙伴的协同效应加强,有利于企业建构竞争优势。各国政府也逐渐意识到信息化对国家战略的重要性,因此纷纷出台相关政策,支持在相应领域的研发投入。此外,政府对一些产业管制的放松也为互联网产业与传统产业的融合提供了合法性路径。

(二) 信息技术与企业绩效之间的关系

1. 信息技术与企业绩效的直接效应

随着企业在信息技术方面投入的不断加大,大量的研究关注了信息技术对企业的经济价值,并探讨了信息技术在企业竞争优势创造过程中的作用。信息技术对企业经济价值的研究主要从成本缩减和产品或服务的差异化两个角度来展开(Benjamin et al.,1984;McFarlan,1984;Poter & Millar,1985)。

从产品或服务的差异化角度来看,互联网为企业创造出新的价值来源,企业可以更好地满足消费者的需求并开发出新的产品或提供新的服务。通过信息技术的利用,企业可以动态跟踪消费者未满足的需求,俘获并利用消费者知识来做到更好的设计、需求预测、生产、运送和交叉销售等(Kohli,2007;Kohli & Melville,2009)。互联网为企业创造出全新的市场和销售渠道,企业可以借助它提高对自身产品或服务的认识并吸引新的消费者。互联网提升了对顾客全生命周期的管理,通过不断的接触,企业可以提升顾客忠诚度和顾客满意度(Bardhan,2007)。

从成本节约的角度来看,互联网帮助企业降低了运营成本、管理成本和营销成本。信息系统的使用可以提升价值链各环节的效率,降低企业的运营成本。互联网使企业之间的信息共享更加便捷,供应链伙伴间的联系更加紧密,从而降低了沟通协调的成本(Banker et al.,2006)。信息技术的使用可以帮助企业实现部分流程的自主化、自动化,从而降低企业的管理成本。互联网平台为企业提供了多样化的营销渠道,而这些新兴的营销渠道相比于传统营销渠道速度更快、辐射范围更广、成本也较低,企业顾客获取和营销活动的成本得以降低(Ansari & Mela,2003)。

关于信息技术与企业绩效的关系,一开始较多地通过理论研究和案例来分析(Clemons,1986;Mata et al.,1995)。随着企业信息技术投入的不断扩大,开始有一些研究实证检验了信息技术与企业绩效之间的正向关系。基于资源基础观,Bharadwaj(2000)通过实证证实了信息技术能力与企业绩效的正相关关系。作为补充和扩展,Santhanam & Hartono(2003)实证检验了信息技术能力与企业绩效的正向关系,并在一定程度上验证了这一关系的稳健性。

2. 信息技术与企业绩效的间接效应

尽管信息技术确实在很多情境下可以增加企业的价值,但通过缩减成本或增加收入这两种方式并不一定会带来企业的持续竞争优势。一些学者发现,信息技术本身并不会创造企业的竞争优势,此即所谓的IT生产力悖论。鉴于此,一些研究重点关注信息技术对企业绩效影响的间接效应。

信息技术与企业战略之间有紧密的关系,企业应该将信息技术能力和战略有机地结合。Poter & Millar(1985)将信息技术与企业价值链联系起来,认为信息技术可以提升企业价值链活动的沟通协调效率。Rackoff et al.(1985)提出,信息技术可以有效支持企业竞争战略,比如成本领先、差异化、创新、成长和外部联盟等。以制造企业为样本,Tippins & Sohi(2003)发现组织学习在企业信息技术能力与绩效的正向关系中起中介作用。

此外,越来越多的研究开始关注信息技术与企业自身资源的有机结合。企业需要利用信息技术来挖掘自身特有的无形资源,比如组织领导力、文化和业务流程(Clemons & Row,1991;Henderson & Venkatraman,1993)。通过人力资源、技术资源、业务资源与信息技术的互补性融合,企业可以创造竞争优势(Benjamin & Levinson,1993;Powell & Micallef,1997)。基于资源基础观,Zhu(2004)证实了IT基础设施投资与电子商务能力的互补性。Aral & Weill(2007)通过实证发现,企业信息技术资产投资只有与企业的战略意图一致时,企业绩效才会提高,而且验证了企业信息技术能力在这一关系中的正向调节作用。

综合来看,目前互联网相关研究多关注互联网及信息技术对企业的经济价值,并进而探讨其对企业整体绩效的影响。大量研究从互联网及相关技术的特征出发,对其经济价值进行理论推导。基于这种理论分析,大量实证研究检验了信息技术与企业绩效的影响关系,但是结论却大多不一致。因此,研究者开始聚焦企业信息技术能力与企业战略或企业资源的互补性,并在这种视角下得出了相对一致的研究结论。

第三节 "互联网＋"与企业转型的实证设计

本章将在国内外相关研究基础之上,结合"互联网＋"战略具体实际情况提出关于"互联网＋"战略动因、模式与绩效的研究假设,并试图构建一个包含上述三方面的研究框架。

一、研究假设

(一)"互联网＋"战略动因

互联网和信息通信技术的发展,不断颠覆传统的商业模式,改变着传统产业的竞争格局,大量传统企业面临生存发展的巨大威胁。而中国政府"互联网＋"行动计划的提出以及一系列相关政策的相继出台,为企业实施"互联网＋"战略提供了较多的有利条件。除了政策驱动和宏观环境的影响,企业自身技术能力和行业环境对企业"互联网＋"转型具有重要的影响作用。

企业转型属于企业的战略决策,一般都要经过认真的风险评估。从资源基础观的角度来看,如果企业一开始就具备互联网相关的核心技术和能力,那么企业就越容易整合相关资源在新领域建构竞争优势。基于这样的论证,企业"互联网＋"转型的决策就越容易得到利益相关者的认可。此外,企业转型决策具有很强的路径依赖性。Colpan & Hikino(2005)就以日本纺织业为研究对象,发现企业跨产业转型具有很强的路径依赖性,企业原有的资源和能力对企业转型战略有重大影响。从企业网络的角度出发,主体企业的价值网络为企业转型提供了潜在可以利用的资源和能力。企业网络不仅支持企业家的创业活动,而且作为一种信息资源有助于提高企业经济效率并发现新的获利机会(黄泰岩、牛飞亮,1999)。企业网络中蕴藏着丰富的社会资本,而这些社会资本有利于提升企业的经营能力和经济效益(边燕杰、丘海雄,2000)。如果企业具备互联网相关的技术和能力,那么企业网络中也更可能会有较多的互联网资源,从而为企业"互联网＋"转型决策提供有利条件。

"互联网＋"并不是把互联网作为企业信息系统的扩展,而是实体经济与虚拟网络经济相融合的"跨界"现象。"互联网＋"的跨界经营通常面临着无关多元化的风险。基于前人的研究成果,Palich et al.(2000)总结出了企业多元化经营与绩效的倒U型关系:当企业由相关多元化向非相关多元化转变时,企业的绩效下降。

如果企业具有在互联网领域的相关技术，企业"互联网+"转型的风险和阻力将会变小，因此也更可能会实现转型成功。通过实证研究，Pehrsson(2006)发现企业多元化经营时技术的关联度对企业绩效有正面影响。企业拥有互联网核心技术，将会为进入许多市场提供潜在的机会，而且在短时间内较难模仿。

基于以上阐述，本书提出如下假设。

假设1：如果企业有互联网基因，企业将更有可能实施"互联网+"战略。

除了企业自身的能力和技术，企业所处环境也会对企业转型战略决策产生重大影响。关于环境对企业战略的影响，战略研究学者主要从动态性和竞争性两个角度来考察。动态性主要关注市场和技术环境的变化性，而竞争性则主要描述市场需求的成长性。Sambamurthy et al.(2003)认为，信息技术的使用可以帮助企业快速适应市场需求的变化，因此动态环境下企业对信息技术运用的需求会更加迫切。Melville et al.(2007)也提出，企业所处的环境越具有竞争性和动态性，企业将会有着更大、更复杂的信息处理需求。基于权变理论，Neirotti & Raguseo(2017)研究了企业内部导向和外部导向信息技术能力对企业绩效的影响关系。一般来说，企业外部导向信息技术能力相比于内部导向对绩效有更加显著的正向影响。

互联网相关技术的应用使得服务提供者的供给能力和产品开发能力不断提高，服务范围也不断扩展，大量新型的服务模式和服务市场层出不穷（华中生，2013）。正是由于市场和服务模式的多变性，服务类企业具有更大的需求去培育互联网相关技术能力。此外，由于服务型业务的自身特征，其更容易与互联网相关技术相结合，从而产生新的商业模式，而这种创新开辟了新的利基市场。另一方面，互联网相关技术的应用使得制造业中服务要素的重要性大大提升，产生了大量的新技术、新模式，比如网络协同研发、基于物联网的供应链管理、全生命周期运行维护等，这些都大幅提升了制造企业的市场竞争力。因此，制造业呈现了服务化的新趋势。制造业服务化表现为更加完善的研发创新体系、柔性化制造、快速便捷的售后服务等（刘斌等，2016），而这些都离不开信息技术与互联网平台的运用。传统制造企业如果要实现服务化转型，将更有可能通过"互联网+"战略来获取相应的平台和技术。

基于以上阐述，本书提出如下假设。

假设2：如果企业主营业务中有服务业，企业将更有可能实施"互联网+"战略。

（二）"互联网+"战略与企业绩效

"互联网+"战略要求互联网与传统企业价值链深度融合，通过优化生产要素配置、更新业务体系、重构商业模式等途径完成企业转型升级，因此其本身属于公司创业行为。"互联网＋"战略不仅可以提升企业的生产和营销效率,而且可以帮助企业应对快速变化的市场和技术环境。

在"互联网＋"背景下,数据的充分流动和实时分析为企业提供了多样化的竞争手段。首先,互联网平台和信息通信技术的应用提升了企业的管理效率,降低了企业沟通协调的成本(Banker et al.,2006)。其次,互联网的"脱媒"功能使企业直接与消费者进行在线接触,企业可以掌握一手的市场需求信息,从而能快速响应市场的变化(Gray et al.,2013;罗珉、李亮宇,2015)。通过对顾客的全周期管理,企业可以提升消费者忠诚度。此外,随着云计算和大数据的快速发展,企业可以高效整合利用碎片化的信息,实现产品或服务需求的超前预测(McGuire et al.,2012),使企业产品和技术开发具有前瞻性。最后,企业之间信息的快速传递和便捷交换为企业整合社会网络资源提供支持,有利于提升企业价值网络效率,并最终影响核心企业的绩效。

在现有公司创业文献中已经有一些研究验证了公司创业行为与企业绩效的正相关关系。一方面,企业"互联网＋"战略强调企业价值链或价值网与互联网深度融合,借由整合产生的创新产品、服务和商业模式对原有产业进行创造性破坏,从而增强企业的竞争力;另一方面,"互联网＋"战略的实施强调连接价值,而这种全新的连接能力使工业经济时代报酬递减的规律转变为报酬递增规律(罗珉、李亮宇,2015;赵振,2015)。因此,企业实施"互联网＋"战略不仅可以提升自身竞争力,而且可以获得较高的经营绩效。此外,企业也可以通过连接机制实现对连接价值的获取,提升企业的价值。

基于以上阐述,本书提出如下假设。

假设 3:企业"互联网＋"战略的实施有利于企业绩效。

假设 3a:企业"互联网＋"战略的实施有利于企业成长性绩效。

假设 3b:企业"互联网＋"战略的实施有利于企业盈利性绩效。

(三)"互联网＋"战略模式

由于企业"互联网＋"转型使传统企业转向一个全新的市场环境,缺乏成熟、可借鉴的模式(谢康等,2016)。此外,在技术范式转变的背景下,企业现有的资源和技术资产经常面临困境,企业需要在解决技术问题的思维方式和方法体系方面做出根本改变(罗仲伟等,2014)。因此,企业"互联网＋"转型面临着自建(do it self)或外包(outsourcing)的重大抉择。

根据公司创业理论,企业掌握的资源能力会影响企业所采用的创业战略(Ucbasaran et al.,2001)。企业拥有的资源能力越丰富,公司创业的战略选择将更具科学性和有效性(Hmieleski & Corbett,2006)。如果企业本身拥有互联网相关的资源和能力,企业将会有更加灵活的方式来实施"互联网＋"战略。企业"互联网＋"战略的跨界经营面临着无关多元化的风险，因此没有相关资源能力的企业若采用内源方式来实施"互联网＋"战略，将可能面临较强的新进入者劣势，在短期内可能无法对绩效产生有益补充。通过外源方式，企业不仅可以快速获取相关战略资产，而且可以有效缓解新进入者劣势。

根据企业转型理论，企业跨产业转型具有极强的路径依赖性。Colpan & Hikino(2005)通过实证研究发现，企业原有的资源和能力会对企业转型战略产生影响。如果企业在互联网相关技术方面的资源和能力比较薄弱，那么就更有可能通过外源的方式来开展"互联网＋"转型。一方面，外源的方式可以帮助企业快速切入相关领域，占据先动者优势。另一方面，外源方式具有较高的容错性，企业借助外源方式实施"互联网＋"战略可以有效降低经营风险。

基于以上阐述，本书提出如下假设。

假设4：如果企业无互联网基因，企业将倾向于通过外源方式实施"互联网＋"战略。

（四）"互联网＋"转型绩效

如前所述，公司创业根据创业源可以分为内源内创业和外源内创业。前者需要全部借助企业内部资源，如投资设立；后者指借助企业边界之外的资源，如并购、参股控股、资产重组等。

内源内创业需要较长的投资周期，需全部借助企业内部的资源和人力，不利于企业的短期绩效。Biggadike(1979)研究发现，通过内部培育发展新业务的方式投资周期较长，不容易在短期内实现获利。同时，"互联网＋"战略的实施本身要求企业具有互联网思维，自建的做法预示着较高的组织学习成本。外源内创业可以快速获取需要的资源和能力，实现企业在相应领域的战略布局，占据先动者优势。Kogut(1991)基于实物期权理论，认为合资可以帮助企业实现对潜在市场或技术机会的挖掘，并且有效降低了企业的风险。Rothaermel(2001)实证发现，企业通过与新创企业的合作，可以利用互补性资产以适应激进的技术变化。Sarkar et al.(2001)研究了联盟创业与企业绩效间的关系，认为公司创业的典型特征是先动性，结果表明联盟先动性会导致较高的市场绩效。国内学者徐二明、徐凯(2012)从联盟企业资源互补的前提出发，认为企业联盟不仅有助于联盟企业的财务绩效，而且与战略联盟的创新绩效正相关。Han & Mithas(2013)通过实证研究发现，企业IT外包可以提高企业的非IT运营效率，且当企业内互补性IT投资水平越高，上述关系也会更强。

基于以上阐述，本书提出如下假设。

假设5：相比于内源式的"互联网＋"战略，外源式的"互联网＋"战略更有利。

传统企业"互联网＋"转型面临着巨大的挑战，企业需要通过动态能力、组织学习和信息技术来克服转型中的阻力(Gray et al.,2013;Karimi & Walter, 2015)。如果企业在一开始就掌握信息技术能力,不仅会影响企业转型方式的选择,而且会影响企业转型绩效。无论企业采取何种方式实施"互联网+"转型,企业都需要整合利用互联网平台及相关技术,使其与传统产业融合发展。如果企业本身就有互联网基因,那么整合工作将会更加顺利,企业转型也会更加深入。此外,企业信息技术能力和经验嵌入在企业人力资本中,当企业实施"互联网+"战略时,掌握信息技术能力的企业可以缩短组织学习的时间和成本,有利于企业快速实现转型。Tippins & Sohi(2003)发现,组织学习在企业信息技术能力与绩效的正向关系中起中介作用。此外,企业先前互联网能力和经验可以帮助企业快速占领新的领域和市场,有利于企业占据先动者优势。

从企业网络的角度来看,如果主体企业掌握信息技术能力,那么企业网络中相关的资源也会更加丰富。互联网经济强调开放、共享、合作、共赢,通过挖掘企业网络中的潜在资源,企业更有可能打造平台经济、生态经济,从而实现快速增长。此外,企业网络中关联企业的合作经验可以帮助企业快速开辟新的市场,节约沟通协调的时间和成本,更有利于企业在短时间内实现转型。

基于以上阐述,本书提出如下假设。

假设6:如果企业有互联网基因,企业将会有更好的"互联网+"转型绩效。

(五)"互联网+"融合度与企业绩效

从资源的角度来说,"互联网+"融合程度越高,企业的支持力度越大。一方面,融合度越高,企业实施"互联网+"战略就会投入更多的资金、人力、技术等要素。另一方面,高的"互联网+"融合度说明高管对实施"互联网+"战略的一种承诺,预示着持续的资源投入和管理支持。高管团队对信息技术战略的支持和引导被认为促进了信息技术资源对企业绩效的影响(Ross et al.,1998)。Neo(1988)研究发现,信息技术战略与企业竞争优势的关系受到管理支持的影响。

从创业网络的角度来讲,"互联网+"融合度标志着企业在创业网络中的嵌入度。公司创业只有嵌入组织间以及隐匿其后的关系网才能实现(Smith & Lohrke,2008)。企业"互联网+"融合度越高,企业嵌入创业网络越深,在资源获取后可以对创业网络中的成员进行绑定和利用。此外,赵振(2015)提出,"互联网+"战略要求实体企业与互联网企业建立紧密联盟关系,以方便双方价值创造环节的渗透融合。"互联网+"战略本身是一种开放式创新,强调连接的价值。企业只有深度嵌入创业网络,才能不断挖掘网络成员的价值,在此基础上结合自身的核心价值开展创新活动和过程,并最终攫取连接带来的价值。所以,"互联网+"融合度越高,企业可利用的网络资源就越丰富,企业获取的连接价值也就越丰富。

现有研究也证实了信息技术能力与企业资源的互补性融合对企业绩效的正向影响关系。运用信息技术挖掘企业自身特有的无形资源,比如组织领导力、文化和业务流程,可以帮助企业创造竞争优势(Clemons & Row,1991;Henderson & Venkatraman,1993)。基于实证分析,Powell & Micallef(1997)发现,通过人力资源、技术资源和业务资源与信息技术的互补性融合,企业可以创造竞争优势。Aral & Weill(2007)实证发现,企业信息技术资产投资只有与企业的战略意图一致时企业绩效才会提高,而且验证了企业信息技术能力在这一关系中的正向调节作用。综合来看,企业通过将信息技术深度嵌入自身业务资源等,并使企业信息技术能力与战略意图协同演进,企业就能创造出竞争优势。

基于以上阐述,本书提出如下假设。

假设 7:"互联网+"融合度越高,企业绩效越好。

假设 7a:"互联网+"融合度越高,企业成长性绩效越好。

假设 7b:"互联网+"融合度越高,企业盈利性绩效越好。

在上述研究假设基础之上,本书提出企业"互联网+"战略的动因、模式与绩效关系的研究框架(见图 3-1)。

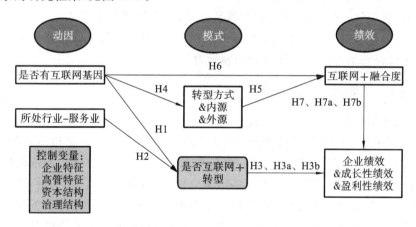

图 3-1 企业"互联网+"战略的动因、模式与绩效关系的研究框架

二、变量衡量

(一)"互联网+"转型动因

本书主要从企业自身技术能力和企业所处产业两个层面来分析企业"互联网+"转型的动因。企业自身技术能力通过"是否有互联网基因"来测度,"所处行业"测度来自产业的影响。如果企业转型前主营业务涉及互联网和信息通信等相

关技术,则视其为有互联网基因,将其值编码为 1;反之,则编码为 0。上市公司所处行业在年报中都有列示,通常指公司主营业务所在的行业。但考虑到一些企业多元化经营的情况,因此本书主要通过主营业务和主营业务收入综合判断。如果企业主营业务中有服务性业务且相关收入占比超过 20%,则将所处行业值编码为 1,否则编码为 0。

(二)"互联网+"转型战略

基于前文对"互联网+"战略的界定,本书利用文本搜索和语义分析的方法确定企业是否有"互联网+"战略动作。如果企业在 2013—2015 年间有实施"互联网+"战略,则将其值编码为 1;反之,则编码为 0。

(三)"互联网+"转型模式

本书引入公司创业类型,将其作为衡量企业"互联网+"转型模式的指标。如果企业采用内源的方式来开展"互联网+"转型,则将转型方式编码为 0;如果企业采用并购、参股投资、战略联盟等方式开展"互联网+"转型,则将转型方式编码为 1;如果企业"互联网+"转型既有内源又有外源,则根据其在 2013—2015 年间投入的资金金额来判断转型方式。具体来说,如果外源方式投入的资金多于内源方式的,那么将转型方式编码为 1,否则编码为 0。

(四)"互联网+"转型绩效

本书沿用了 Kotnour(2011)提出的企业转型绩效衡量标准,用"互联网+融合度"来测度企业"互联网+"转型绩效。利用客观指数和主观评定相结合的方法,本书将"互联网+融合度"分为三等,分别为高、中、低。主观评定主要依据样本企业年报中"互联网+"战略相关动作的语义分析,而客观指数指"互联网+"转型相关业务收入在主营业务收入中的占比。根据前期的调研,如果相关业务收入占比低于 5%,或者语义分析中得知转型动作对业绩有影响但是影响较小时,将"互联网+"融合度定为低;如果相关业务收入占比介于 5%~20%,将"互联网+"融合度定为"中";如果相关业务收入占比高于 20%,则将"互联网+"融合度定为"高"。对一些制造类企业,根据其被评为国家级/省市级两化融合试点分别将其"互联网+"融合度定为高、中、低。根据"互联网+"融合度的高低,本书分别赋予高、中、低值 3、2、1。

(五)企业绩效

纵观国内外有关创业和企业绩效的研究,企业绩效的衡量指标通常有成长性指标、获利性指标和非财务指标。成长性指标可以测度企业市场规模的扩张,而销售增长率普遍被认为是一项关键且最佳的成长性测量指标(Covin & Slevin, 1991)。除此之外,获利性也是考察绩效的基本指标(Lumpkin & Dess, 1996),学术界通常用净资产收益率(return on equity, ROE)和资产回报率(return on assets, ROA)来测度获利性。由于非财务指标多涉及利益相关者,利用二手数据较难获得。因此,本书主要从成长性和盈利性两个角度来衡量企业绩效,成长性用销售收入增长率来测度,盈利性用 ROE 和 ROA 来测度。

(六) 控制变量

根据 Murphy et al.(1996)对 52 篇关于新创企业绩效文献的分析,发现几乎所有研究都采用企业规模作为控制变量,而其他出现频率较高的控制变量还有所处行业、企业年限等。Baum et al.(2000)的研究也表明,企业规模、所处行业、企业所有制和成立年限等因素都会对企业绩效产生影响。同时,由于本书研究主要聚焦在"互联网+"转型战略和转型绩效上,因此还选取企业高管特征变量(Bantel & Jackson, 1989;姜付秀等,2009)、企业资本结构变量(Jensen & Meckling, 1976;姚俊等,2004)、企业治理结构变量(白重恩等,2005;李维安、邱艾超,2010)等作为控制变量。

综上,本研究选取的控制变量主要有以下几种:①企业属性变量,主要包括企业规模(Size)、上市年限(Lage)、所处行业(Ind)、企业性质(OS);②企业资本结构变量,包括资产负债率(Lev);③高管特征变量,主要包括企业高管团队的平均年龄(Mage);④企业治理特征变量,主要包括董事长与总经理兼任情况(Dual)、董事会会议次数(BMN)和前三大股东持股比例(Top3)。在对企业转型战略开展研究时,控制变量为上述变量在 2013—2015 年间的平均水平。在对企业绩效开展研究时,由于绩效为 2015 年的企业绩效,因此控制变量为上述变量在 2015 年的取值。表 3-1 为本书中所用到的变量符号及衡量方法。

表 3-1 变量符号及衡量方法

变量类型	变量名	符号	变量衡量与数据来源
被解释变量	是否互联网+转型	IT	基于对"互联网+"战略内涵的界定,由研究者根据企业 2013—2015 年年报信息判断。若是,则编码为 1;否则,编码为 0。数据来源:企业 2013—2015 年报
	互联网+融合度	IA	如果"是否有互联网+转型"值为 1,则由研究者根据企业 2015 年年报中相关业务收入占比和文本分析来评定。高、中、低分别赋值为 3、2、1。数据来源:企业 2015 年年报

续表

变量类型	变量名	符号	变量衡量与数据来源
被解释变量	企业成长性绩效	Growth	由企业2015年营业收入增长率来衡量。数据来源:国泰安数据库、企业年报
	企业盈利性绩效	ROE	由企业2015年净资产收益率来衡量。数据来源:国泰安数据库、企业年报
		ROA	由企业2015年资产收益率来衡量。数据来源:国泰安数据库、企业年报
解释变量	是否有互联网基因	IG	由研究者根据企业上市以来的年报数据分析判断。若有,则编码为1;否则,编码为0。数据来源:企业2012—2015年年报
	所处行业	Ind	若实施"互联网+"战略前主营业务中有服务性业务,则赋值所处行业虚拟变量为1,否则为0。数据来源:企业2012—2015年年报
	公司创业方式	EM	若企业"互联网+"战略通过内源方式,则编码为0;若通过并购参股等外源方式,则编码为1;若两者兼有,则根据投入资金金额来判断。数据来源:企业2013—2015年年报
	转型时间	Time	取值为:(2015-转型开始年份)+0.5。数据来源:企业年报
控制变量	企业规模	Size	取值为企业总资产的自然对数。数据来源:国泰安数据库
	上市年限	Lage	取值为:(2015年12月31日—企业上市日期)÷365。数据来源:国泰安数据库
	企业性质	OS	根据企业控股股东股权性质来判断。数据来源:国泰安数据库、企业年报
	高管年龄	Mage	取值为企业高管团队成员的平均年龄。数据来源:国泰安数据库
	资产负债率	Lev	取值为企业的资产负债率。数据来源:国泰安数据库
	两职兼任情况	Dual	若存在两职兼任,则编码为1;若不存在,则编码为0。数据来源:国泰安数据库
	董事会会议次数	BMN	取值为董事会会议次数。数据来源:国泰安数据库
	股权集中度	Top3	取值为前三大股东持股比例。数据来源:国泰安数据库

三、模型构建

(一) 以企业"互联网＋"转型战略为因变量的检验模型

本书中企业转型战略为分类变量,因此用二元 Logistics 回归模型进行检验。估计模型如下:

$$IT = \alpha_0 + \alpha_1 IG + \beta_1 Size + \beta_2 Lage + \beta_3 OS + \beta_4 Mage + \beta_5 Lev + \beta_6 Dual + \beta_7 BMN + \beta_8 Top3 + \varepsilon \tag{3-1}$$

$$IT = \alpha_0 + \alpha_1 Ind + \beta_1 Size + \beta_2 Lage + \beta_3 OS + \beta_4 Mage + \beta_5 Lev + \beta_6 Dual + \beta_7 BMN + \beta_8 Top3 + \varepsilon \tag{3-2}$$

模型 3-1、3-2 分别考察企业是否有互联网基因、所处行业-服务业与企业实施"互联网＋"战略的关系。其中,α_0 为截距,$\alpha_i(i=0,1)$、$\beta_i(i=1,2,\cdots,8)$ 为待估参数,ε 为随机误差。其中,控制变量取值均为企业 2013—2015 年间的平均水平。

(二) 以企业"互联网＋"转型模式为因变量的检验模型

本书中企业"互联网＋"转型模式为分类变量,因此用二元 Logistics 回归模型进行检验。估计模型如下:

$$EM = \alpha_0 + \alpha_1 IG + \beta_1 Size + \beta_2 Lage + \beta_3 Ind + \beta_4 Mage + \beta_5 Lev + \beta_6 Dual + \beta_7 BMN + \beta_8 Top3 + \varepsilon \tag{3-3}$$

模型 3-3 考察企业是否有互联网基因与企业"互联网＋"转型模式的关系。其中,α_0 为截距,$\alpha_i(i=0,1)$、$\beta_i(i=1,2,\cdots,8)$ 为待估参数,ε 为随机误差。其中,控制变量取值均为 2013—2015 年间的平均水平。

(三) 以企业"互联网＋"转型绩效为因变量的检验模型

本书中企业转型绩效为有序变量,因此用有序 Logit 回归模型进行检验。估计模型如下:

$$IA = \alpha_0 + \alpha_1 IT + \beta_1 Size + \beta_2 Lage + \beta_3 Ind + \beta_4 Lev + \beta_5 Mage + \beta_6 Dual + \beta_7 MN + \beta_8 Top3 + \varepsilon \tag{3-4}$$

$$IA = \alpha_0 + \alpha_1 IG + \beta_1 Size + \beta_2 Lage + \beta_3 Ind + \beta_4 Lev + \beta_5 Mage + \beta_6 Dual + \beta_7 MN + \beta_8 Top3 + \varepsilon \tag{3-5}$$

$$IA = \alpha_0 + \alpha_1 Time + \beta_1 Size + \beta_2 Lage + \beta_3 Ind + \beta_4 Lev + \beta_5 Mage + \beta_6 Dual + \beta_7 MN + \beta_8 Top3 + \varepsilon \tag{3-6}$$

模型 3-4、3-5、3-6 主要考察企业"互联网＋"转型模式、是否有互联网基因与转型时间对企业"互联网+"转型绩效的影响关系。其中,α_0 为截距,$\alpha_i(i=0,1)$、$\beta_i(i=1,2,\cdots,8)$ 为待估参数,ε 为随机误差。其中,控制变量取值均为 2013—2015 年间的平均水平。

(四)以企业绩效为因变量的检验模型

本书中企业绩效为连续变量,因此用线性回归模型进行检验。估计模型如下:

$$Growth = \alpha_0 + \alpha_1 IT + \beta_1 Size + \beta_2 Lage + \beta_3 Ind + \beta_4 OS + \beta_5 Lev + \beta_6 Mage + \beta_7 Dual + \beta_8 BMN + \beta_9 Top3 + \varepsilon \quad (3-7)$$

$$ROE = \alpha_0 + \alpha_1 IT + \beta_1 Size + \beta_2 Lage + \beta_3 Ind + \beta_4 OS + \beta_5 Lev + \beta_6 Mage + \beta_7 Dual + \beta_8 BMN + \beta_9 Top3 + \varepsilon \quad (3-8)$$

$$ROA = \alpha_0 + \alpha_1 IT + \beta_1 Size + \beta_2 Lage + \beta_3 Ind + \beta_4 OS + \beta_5 Lev + \beta_6 Mage + \beta_7 Dual + \beta_8 BMN + \beta_9 Top3 + \varepsilon \quad (3-9)$$

$$Growth = \alpha_0 + \alpha_1 IA + \beta_1 Size + \beta_2 Lage + \beta_3 Ind + \beta_4 Lev + \beta_5 Mage + \beta_6 Dual + \beta_7 BMN + \beta_8 Top3 + \varepsilon \quad (3-10)$$

$$ROE = \alpha_0 + \alpha_1 IA + \beta_1 Size + \beta_2 Lage + \beta_3 Ind + \beta_4 Lev + \beta_5 Mage + \beta_6 Dual + \beta_7 BMN + \beta_8 Top3 + \varepsilon \quad (3-11)$$

$$ROA = \alpha_0 + \alpha_1 IA + \beta_1 Size + \beta_2 Lage + \beta_3 Ind + \beta_4 Lev + \beta_5 Mage + \beta_6 Dual + \beta_7 BMN + \beta_8 Top3 + \varepsilon \quad (3-12)$$

模型 3-7、3-8、3-9 主要考察企业"互联网+"转型战略对企业成长性绩效、盈利性绩效(ROE、ROA)的关系,模型 3-10、3-11、3-12 考察企业"互联网+"融合度对企业成长性绩效、盈利性绩效(ROE、ROA)的关系。其中,α_0 为截距,$\alpha_i(i=0,1)$、$\beta_i(i=1,2,\cdots,8,9)$ 为待估参数,ε 为随机误差。其中,控制变量取值为 2015 年的水平。

第四节 "互联网+"与企业转型的实证结果

一、样本与数据来源

本节的主题主要涉及"互联网+"战略,而"互联网+"战略属于公司创业的范畴,因此需要选取已建立企业作为研究对象。此外,囿于"互联网+"转型相关数据的可获得性,本书主要采用上市公司的二手数据来进行实证分析。通过前期的预调研,发现主板企业在业务结构上比较复杂,企业各项特征变量的变异性较强,因此不太适合做匹配性分析。相较于主板企业,创业板企业具有较强的同质性,企业业务结构相对比较单一,企业特征变量值也相对集中(张晓玲等,2012)。创业板企业具有"两高六新"的特点。"两高"指高成长性、高科技含量,"六新"指新经济、新服务、新农业、新材料、新能源和新商业模式(胡保亮,2012)。创业板的开板目的就是为新兴企业以及高科技公司提供融资平台。而"互联网+"战略一般涉及新产品或业务的开发、流程再造、商业模式创新等,因此需要企业具备较强的创新意识和创新能力。基于此,选取深圳证券交易所创业板上市公司为研究对象。创业板上市公司名录来自 Wind 数据库,研究中所用的数据来自企业年报和国泰安数据库,企业年报主要通过 Wind 数据库和上市公司官方网站获取。

本节主要分为两个部分:第一部分通过创业板上市公司全样本覆盖来检验"互联网+"转型的动因以及"互联网+"战略对企业绩效的影响关系;第二部分以已实施"互联网+"战略的上市公司为样本,检验"互联网+"转型模式选择以及对转型绩效的影响,并进一步检验"互联网+"转型绩效对企业整体绩效的影响关系。在第一部分,本书选取截止到 2014 年 1 月 31 在创业板上市的公司。在第二部分,通过在公司 2013—2015 年年报中搜索关键词"互联网+""互联网转型"等,检验其在 2013—2015 年是否存在实质性的"互联网+"转型动作,并最终确定样本数量。

由于采用二手数据,因此对样本的采纳标准要求较高。在第一部分的研究中,由于在 2014 年 1 月 31 前上市的企业公布了 2013 年的年报,因此将上市截止时间设定为 2014 年 1 月 31 日。在第二部分的研究中,样本企业的选取标准如下:①在 2013—2015 年必须有实质性的"互联网+"战略动作;②"互联网+"战略动作要对业绩有影响,主要通过业绩驱动因素和主营业务收入情况来分析。

在上述分类标准下,第一部分的研究总共有 379 家企业样本,但鉴于有些企业在 2013 年前就在从事"互联网+"业务,因此需要将其从样本中剔除,这部分企业总共有 30 家。此外,由于利好政策的驱动,2015 年环保行业企业普遍业绩较好,而环保企业中有"互联网+"转型动作的只有一家,因此本研究将环保类企业剔除,这部分企业总共有 17 家。至此,本书第一部分研究最终样本为 332 家企业。第二部分的研究最终样本为 118 家企业。

本书利用 SPSS 统计软件对样本数据进行描述性分析、相关性分析、回归分析,对所提的假设进行验证,从而探究"互联网+"转型动因、模式与绩效的关系,并结合理论对实证结果进行分析和探讨。

二、描述性统计

(一) 全样本

表 3-2、表 3-3 展示了全样本的描述性统计结果。在总样本 332 家企业中,有

152家企业在2015年年底前有"互联网＋"战略相关动作,所占比例达到45.8%,这表明创业板企业实施"互联网＋"战略的积极性非常高。样本企业中,有121家企业拥有互联网相关技术和经验,占到总样本企业的36.4%。此外,有120家企业的主营业务中有服务型业务,占到样本企业的36.1%。

表3-2　全样本的描述性统计结果(1)

	极小值	极大值	平均值	标准差
是否"互联网＋"转型	0	1	0.46	0.499
是否有互联网基因	0	1	0.36	0.482
所处行业-服务业	0	1	0.36	0.481
企业性质	1	3	2.01	0.285
企业规模	19.68	23.18	21.1469	0.60846
上市年限	0.42	4.67	3.1794	1.05514
资产负债率	0.0192	0.8422	0.279587	0.1505553
高管年龄	40.16	55.96	47.1847	2.79664
两职兼任情况	0	1	0.42	0.495
董事会会议次数	5	28	9.73	2.867
前三大股东持股	11.98	78.48	49.1726	12.27717

注:样本量 $N=332$,其中控制变量值为企业2013—2015年的平均水平。

表3-3　全样本的描述性统计结果(2)

	极小值	极大值	平均值	标准差
营业收入增长率	−0.6288	4.42911	0.334102	0.6130480
ROE	−0.8772	0.5769	0.068395	0.0910145
ROA	−0.4684	0.3725	0.047796	0.0567041
企业规模	19.72	23.89	21.3679	0.68494
上市年限	1.92	6.17	4.6835	1.05514
资产负债率	0.0327	0.8139	0.304365	0.1657487
高管年龄	40.87	57.06	47.5845	2.77827
两职兼任情况	0	1	0.40	0.491
董事会会议次数	3	32	10.70	4.028
前三大股东持股	9.44	75.69	46.2506	12.49637

注:样本量 $N=332$,其中控制变量值为2015年的水平。

在全样本332家企业中,营业收入增长率均值为33.41%,这也证明了创业板企业具有较高的成长性。在盈利性方面,ROE 和 ROA 均值分别为 6.84%、4.78%。

(二) 转型样本

表 3-4、表 3-5 展示了转型企业样本的描述性统计结果。在这些转型企业中,有 67 家企业具有互联网基因,占比达到 57%,远高于全样本 36.4% 的比例。此外,在转型企业中有 48% 的企业主营业务中有服务型业务,这也远高于全样本中 36.1% 的比例。这些都进一步说明了假设 1 和假设 2 的合理性。

在 118 家转型企业样本中,采取外源方式实施"互联网+"战略的企业占到了样本企业的 66%。企业"互联网+"转型时间均值为 1.26,说明大多数企业转型时间并不长。"互联网+"融合度高的企业在转型样本中达到 67 家,占比超过一半,这也说明创业板企业具有极强的"互联网+"转型意愿,希望借助互联网实现企业价值的提升。在控制变量方面,由于全样本中 91.9% 的企业性质为民营企业,因此在转型样本中不再将其作为控制变量。

表 3-4 转型企业样本的描述性统计结果(1)

	极小值	极大值	平均值	标准差
"互联网+"融合度	0	1	0.60	0.492
转型方式	0	1	0.66	0.475
是否有互联网基因	0	1	0.57	0.497
转型时间	0.5	2.5	1.263	0.8025
企业规模	19.55	23.18	21.1705	0.62773
上市年限	0	4.67	3.2156	1.19002
所处行业-服务业	0	1	0.48	0.502
资产负债率	0.0334	0.8422	0.272762	0.1434841
高管年龄	40.16	54.65	46.5581	2.73969
两职兼任情况	0	1	0.54	0.500
董事会会议次数	5	28	10.75	3.432
前三大股东持股	19.99	77.49	48.7491	12.02953

注:样本量 $N=118$,其中控制变量值为企业 2013—2015 年的平均水平。

表 3-5 转型企业样本的描述性统计结果(2)

	极小值	极大值	平均值	标准差
营业收入增长率	−0.6288	4.42911	0.484983	0.7128206

续表

	极小值	极大值	平均值	标准差
ROE	−0.1387	0.5769	0.086804	0.0720859
ROA	−0.0902	0.3725	0.059822	0.0481539
"互联网＋"融合度	1	3	2.31	0.854
企业规模	19.72	23.61	21.4714	0.68228
上市年限	0.94	6.17	4.7083	1.22284
资产负债率	0.0398	0.8139	0.301490	0.1580413
高管年龄	41.06	54.71	46.9651	2.66699
两职兼任情况	0	1	0.48	0.502
董事会会议次数	3	32	12.37	4.570
前三大股东持股	18.63	74.22	45.7070	11.91492

注：样本量 $N=118$，其中控制变量值为企业 2015 年的水平。

在转型样本 118 家企业中，营业收入增长率达到了 48.50%，高于全样本的 33.41%，这初步说明转型企业具有更高的成长性绩效。盈利性绩效方面，ROE、ROA 均值分别达到 8.68%、5.98%，也初步说明转型企业具有更好的盈利性绩效。

三、相关性分析

（一）全样本

表 3-6、表 3-7 是全样本的相关性分析结果。所有解释变量之间的相关系数均低于 0.5，因此不再考虑多重共线性的问题。尽管被解释变量 ROA 和 ROE 有超过 0.75 的相关性，但考虑到两者在衡量盈利性绩效时的差异，本书还是对两者均予以保留。自变量"是否有互联网基因"与"所处行业-服务业"具有一定的相关性 ($r=0.472, p<0.01$)，但并未达到相互替代的程度。考察实际意义，发现拥有互联网相关技术的企业更可能是主营业务中有服务业的企业，这非常符合实际情况。

在自变量与因变量关系中，"是否有互联网基因""所处行业-服务业"均与"是否'互联网＋'转型"显著正相关 ($r=0.497, p<0.01; r=0.416, p<0.01$)，初步验证了假设 1 和假设 2。"是否'互联网＋'转型"与"销售收入增长率""ROE"和"ROA"均显著正相关 ($r=0.215, p<0.01; r=0.190, p<0.01; r=0.204, p<0.01$)，初步验证了假设 3、假设 3a、假设 3b。

表 3-6 全样本的相关性分析结果（1）

变量	IT	IG	Ind	Lage	Size	OS	Lev	Mage	Dual	BMN	Top3
是否"互联网+"转型	1										
是否有互联网基因	0.497***	1									
所处行业	0.416***	0.472***	1								
上市年限	−0.006	−0.010	0.045	1							
企业规模	0.020	−0.082	0.038	0.279***	1						
企业性质	0.013	−0.046	−0.134**	−0.099*	−0.110**	1					
资产负债率	−0.084	−0.106*	−0.031	0.012	0.436***	−0.059	1				
高管年龄	−0.195***	−0.220***	−0.104*	0.074	−0.035	0.026	−0.097*	1			
两职兼任情况	0.140**	0.058	0.013	−0.103*	−0.060	0.080	0.009	−0.158***	1		
董事会会议次数	0.258***	0.187***	0.254***	0.065	0.400***	−0.022	0.339***	−0.105*	0.010	1	
前三大股东持股	−0.092*	−0.110**	−0.130**	−0.299***	−0.137**	−0.102*	−0.094*	−0.058	0.144***	−0.178***	1

注：*** 代表 $p<0.01$，** 代表 $p<0.05$，* 代表 $p<0.1$。样本量 $N=332$。

表 3-7 全样本的相关性分析结果（2）

变量	Growth	ROE	ROA	IT	Lage	Size	Ind	OS	Lev	Mage	Dual	BMN	Top3
营业收入增长率	1												
ROE	0.293***	1											
ROA	0.256***	0.956***	1										
是否"互联网+"转型	0.215***	0.190***	0.204***	1									
上市年限	0.000	-0.096**	-0.116**	-0.006	1								
企业规模	0.300***	0.231***	0.139**	0.097*	0.202***	1							
所处行业	0.092*	0.097***	0.087	0.416***	0.045	0.090	1						
企业性质	0.057	0.062	0.089	0.013	-0.099*	0.088	-0.134**	1					
资产负债率	0.141***	-0.003	-0.196***	-0.060	0.048	0.433***	-0.017	-0.022	1				
高管年龄	-0.204***	-0.021	0.029	-0.176***	0.034	-0.065	-0.080	0.008	-0.132**	1			
两职兼任情况	-0.032	0.041	0.029	0.110**	-0.024	-0.058	-0.016	0.082	0.032	-0.108**	1		
董事会会议次数	0.175***	0.112**	0.044	0.285***	-0.008	0.385***	0.249**	0.005	0.357***	-0.100	-0.016	1	
前三大股东持股	-0.007	-0.121**	-0.148**	-0.101**	-0.294***	-0.139**	-0.110**	0.102*	-0.083	-0.017	0.111**	-0.190***	1

注：*** 代表 $p<0.01$，** 代表 $p<0.05$，* 代表 $p<0.1$。样本量 $N=332$。

在控制变量中,发现"高管年龄""企业治理特征"对企业"是否'互联网＋'转型"有显著相关关系。"高管年龄"与企业"是否'互联网＋'转型"存在显著的负向相关关系($r=-0.195, p<0.01$),说明企业高管团队越年轻,企业越可能实施"互联网＋"战略。此外,"两职兼任"与企业"是否实施'互联网＋'转型"存在显著的正相关关系($r=0.140, p<0.05$)。如果企业董事长和总经理是同一人,那么企业决策权力将更加集中,企业"互联网＋"转型决策会更加容易。除此之外,"企业规模""上市年限""所处行业""资产负债率"和"企业治理结构"对企业绩效都存在不同程度的相关关系。

(二) 转型样本

表 3-8、表 3-9 为转型样本的相关性分析结果。所有解释变量之间的相关系数均低于 0.55,因此不再考虑多重共线性的问题。类似地,同时保留 ROE、ROA 作为盈利性绩效的衡量指标。

在自变量与因变量关系中,"是否有互联网基因"与"转型方式"具有显著的负相关关系($r=-0.263, p<0.01$),说明无互联网基因的企业更可能通过并购参股等外源方式来实施"互联网＋"战略,这与假设 4 符合。"转型方式""是否有互联网基因"和"转型时间"与"'互联网＋'融合度"均存在显著的相关关系($r=0.332, p<0.01; r=0.199, p<0.05; r=0.213, p<0.05$),这初步验证了假设 5、假设 6,并说明企业"互联网＋"转型需要一定时间才能对转型绩效产生影响。除此之外,"'互联网＋'融合度"与"销售收入增长率""ROE"和"ROA"均显著正相关($r=0.426, p<0.01; r=0.268, p<0.01; r=0.307, p<0.01$),初步验证了假设 7、假设 7a、假设 7b。

控制变量方面,"所处行业"与"'互联网＋'融合度"正相关,说明服务型业务更容易与互联网及相关信息技术融合发展。"企业规模"和企业绩效之间存在不同程度的正相关关系,"所处行业"与盈利性绩效有一定程度的相关关系。此外,"高管年龄"与"销售收入增长率"有显著的负相关关系($r=-0.228, p<0.05$)。这可能是因为高管团队的年轻化趋势与企业绩效目标密切相关,越年轻的高管团队越可能关注企业的成长性。除此之外,企业资本结构和股权集中度与企业盈利性绩效之间有不同程度的相关关系。

四、回归分析

(一)"互联网＋"转型动因

本书先探讨"互联网＋"转型的动因,表 3-10 为企业"互联网＋"转型动因的

表 3-8 转型样本的相关性分析结果 (1)

变量	IA	EM	IG	Time	Size	Lage	Ind	Lev	Mage	Dual	BMN	Top3
"互联网+"融合度	1											
转型方式	0.332***	1										
是否有互联网基因	0.199**	−0.263***	1									
转型时间	0.213**	−0.145	0.169	1								
企业规模	0.139	0.044	−0.017	0.349***	1							
上市年限	0.121	−0.071	−0.105	0.177*	0.316***	1						
所处行业	0.302***	−0.024	0.433***	0.266***	0.084	−0.050	1					
资产负债率	0.045	0.009	−0.016	0.138	0.341***	−0.047	−0.085	1				
高管年龄	−0.125	−0.021	−0.084	0.088	0.090	0.079	−0.087	0.017	1			
两职兼任情况	0.017	0.061	0.023	−0.102	−0.137	−0.151	−0.031	0.249***	−0.198**	1		
董事会会议次数	0.138	0.194**	0.123	0.339***	0.511***	0.133	0.210**	0.282***	0.044	0.058	1	
前三大股东持股	0.085	0.032	−0.015	−0.195**	−0.208**	−0.374***	−0.090	−0.164*	−0.139	0.027	−0.262***	1

注：*** 代表 $p<0.01$，** 代表 $p<0.05$，* 代表 $p<0.1$。样本量 $N=118$。

表 3-9 转型样本的相关性分析结果（2）

变量	Growth	ROA	ROE	IA	Size	Lage	Ind	Lev	Mage	Dual	BMN	Top3
营业收入增长率	1											
ROA	0.378***	1										
ROE	0.375***	0.953***	1									
"互联网+"融合度	0.426***	0.307***	0.268***	1								
企业规模	0.190**	0.180*	0.259***	0.229**	1							
上市年限	0.040	−0.102	−0.092	0.063	0.223**	1						
所处行业	0.110	0.180*	0.159*	0.302***	0.116	−0.050	1					
资产负债率	0.000	−0.096	0.157*	−0.009	0.360***	0.074	−0.066	1				
高管年龄	−0.228**	−0.005	−0.023	−0.139	0.015	0.018	−0.049	−0.014	1			
两职兼任情况	0.018	0.065	0.116	0.042	−0.099	−0.011	0.016	0.150	−0.129	1		
董事会会议次数	−0.042	−0.047	0.042	0.090	0.421***	0.051	0.170*	0.335***	0.021	0.010	1	
前三大股东持股	0.000	−0.224**	0.160*	0.129	−0.211**	−0.372***	−0.078	−0.206**	−0.124	0.011	−0.304***	1

注：*** 代表 $p<0.01$，** 代表 $p<0.05$，* 代表 $p<0.1$。样本量 $N=118$。

Logistic 回归结果。在模型 1(1) 中,控制变量中表征资产结构的资产负债率与企业"互联网+"转型战略显著负相关($\beta=-2.170, p<0.01$),这说明企业资产负债率越高,企业债务融资的能力越弱,企业"互联网+"转型的可能性越小。企业管理者平均年龄与企业"互联网+"转型战略显著负相关($\beta=-0.136, p<0.01$),这表明越年轻的高管团队越热衷于"互联网+"战略,希望借助互联网产业与自身产业的融合来为企业创造价值。此外,企业治理特征——两职兼任情况、董事会议次数和股权集中度对企业"互联网+"战略有显著相关关系,这也验证了企业治理结构在企业战略转型决策过程中的重要影响作用。

表 3-10 "互联网+"转型动因的 Logistic 回归结果

研究变量	因变量(是否互联网+转型)	
	模型 1(1)	模型 1(2)
(常量)	5.959(1.207)	−4.357(0.478)
企业规模(Size)	−0.034(0.019)	0.236(0.720)
上市年限(Lage)	−0.048(0.143)	−0.079(0.295)
企业性质(OS)	0.076(0.031)	0.561(1.340)
资产负债率(Lev)	−3.382***(11.993)	−2.515**(5.277)
高管年龄(Mage)	−0.136***(9.144)	−0.075(2.099)
两职兼任情况(Dual)	0.587**(5.517)	0.681**(5.639)
董事会会议次数(BMN)	0.274***(23.188)	0.191***(9.183)
前三大股东持股比例(Top3)	−0.020**(3.453)	−0.012(1.003)
是否有互联网基因(IG)		1.711***(30.530)
所处行业—服务业(Ind)		1.133***(13.535)
−2 对数似然值	401.235	329.436
Cox & Shell R Square	0.157	0.321
Nagelkerke R Square	0.210	0.429

注:采用双尾检验,*** $p<0.01$,** $p<0.05$,* $p<0.1$,括号内为 wald 统计量,样本量=332。

模型 1(2) 中加入了"是否有互联网基因"和"所处行业—服务业"虚拟变量,结果显示"是否有互联网基因"和"所处行业—服务业"均与企业实施"互联网+"战略存在显著正相关关系($\beta=1.711, p<0.01$;$\beta=1.133, p<0.01$)。这表明,企业如果拥有互联网相关技术和经验,企业更可能实施"互联网+"战略,企业"互联网+"转型具有资源依赖性。此外,如果企业主营业务中有服务型业务,企业更可能通过"互联网+"战略来提升企业的服务能力,通过业务模式等的重新建构创造企业的竞争优势。至此,假设 1 和假设 2 得到验证。

(二)"互联网+"战略对企业绩效的影响

在分析完"互联网+"转型的动因后,本书进一步以企业绩效为因变量,探索"互联网+"战略是否有利于企业绩效,表3-11为"互联网+"战略与企业绩效的线性回归结果。

表3-11 "互联网+"战略与企业绩效的线性回归结果

研究变量	因变量(企业绩效)		
	营业收入增长率	ROE	ROA
常量	−3.811(−2.962***)	−0.892(−4.600***)	−0.548(−4.653***)
企业规模(Size)	0.252(4.619***)	0.041(4.981***)	0.025(4.954***)
上市年限(Lage)	−0.020(−0.623)	−0.009(−1.907*)	−0.006(−2.053**)
所处行业(Ind)	−0.003(−0.034)	0.006(0.537)	0.002(0.313)
企业性质(OS)	0.168(1.493)	0.020(1.151)	0.016(1.553)
资产负债率(Lev)	0.061(0.272)	−0.059(−1.750*)	−0.100(−4.909***)
高管年龄(Mage)	−0.035(−2.970***)	0.001(0.502)	0.001(0.977)
两职兼任情况(Dual)	−0.079(−1.202)	0.005(0.491)	0.002(0.340)
董事会会议次数(BMN)	0.000(0.045)	0.000(0.162)	0.000(0.232)
前三大股东持股比例(Top3)	0.002(0.682)	0.001(2.433**)	0.001(2.666***)
是否互联网+转型(IT)	0.209(2.843***)	0.027(2.467**)	0.019(2.792***)
F 值	6.180	5.021	6.964
$Adj-R^2$	0.136	0.109	0.153
ΔR^2	0.019	0.015	0.018

注:*** $p<0.01$,** $p<0.05$,* $p<0.1$,括号中的数字为双尾检验的 t 值,样本量 $N=332$。

和前述分析过程一样,在控制变量方面,企业高管团队年龄与企业成长性绩效显著负相关($\beta=-0.035, p<0.01$)。此外,企业规模、上市年限、企业资本结构和企业股权集中度与企业绩效之间存在不同程度的相关关系。在加入了"是否'互联网+'转型"虚拟变量后,结果显示"互联网+"战略与"营业收入增长率""ROE""ROA"之间均存在显著的正向关系($\beta=0.209, p<0.01; \beta=0.027, p<0.05; \beta=0.019, p<0.01$)。这说明,企业"互联网+"战略不仅有利于企业成长性绩效,而且有利于企业的盈利性绩效,假设3、假设3a、假设3b得到验证。

(三)"互联网+"转型模式选择

在探讨完企业"互联网+"转型动因与转型战略对绩效的影响关系后,本书进一步以转型企业为样本,对企业"互联网＋"转型模式选择以及对企业转型绩效的影响关系进行探索,表 3-12 为企业"互联网＋"转型模式选择的 Logistics 回归结果。

表 3-12 "互联网＋"转型模式选择的 Logistics 回归结果

研究变量	因变量("互联网＋"转型方式)	
	模型 3(1)	模型 3(2)
常量	0.786(0.007)	4.312(0.184)
企业规模(Size)	−0.041(0.010)	−0.162(0.120)
上市年限(Lage)	−0.158(0.649)	−0.197(0.894)
所处行业(Ind)	−0.360(.732)	0.267(0.306)
资产负债率(Lev)	−1.180(0.527)	−1.170(0.447)
高管年龄(Mage)	−0.014(0.032)	−0.032(0.146)
两职兼任情况(Dual)	0.197(0.206)	0.224(0.237)
董事会会议次数(BMN)	0.192**(5.017)	0.239**(6.329)
前三大股东持股比例(TOP3)	0.006(0.101)	0.011(0.261)
是否有互联网基因(IG)		−1.684***(10.836)
−2 对数似然值	143.202	130.963
Cox & Shell R Square	0.065	0.157
Nagelkerke R Square	0.090	0.217

注:采用双尾检验,*** $p<0.01$,** $p<0.05$,* $p<0.1$,括号内为 wald 统计量,样本量 $N=118$。

从模型 3(1)可以发现,企业"互联网＋"转型模式选择具有一定的无规律性,但是在加入"是否有互联网基因"后模型显著($\beta=-1.684, p<0.01$),说明没有互联网及相关技术能力的企业更可能通过外源方式来实施"互联网＋"战略,这验证了假设 4。

(四)"互联网＋"转型战略与转型绩效

由于"互联网＋融合度"在一开始是三阶有序变量,但是在做有序回归时平行线检验无法通过,这说明其不适合做有序回归。因此,本书在三阶基础上将"互联网＋融合度"调整为二阶分类变量。具体来说,如果企业"互联网＋"战略相关业务收入占比低于 10％,或根据语义分析其对业绩有影响但是影响较小时,将其"互联网＋融合度"判定为低,否则判定为高。表 3-13 为"互联网＋"转型绩效的 Logistics 回归结果。在控制变量方面,"上市年限"和"所处行业"与"互联网＋融合度"具有显著正相关关系($\beta=0.449, p<0.05; \beta=1.502, p<0.01$)。上市年限代表企业融资能力,也从一定程度上反映了企业对资源的整合能力,因此与"互联网+"转型绩效显著正相关。所处行业决定了互联网相关技术与企业自身融合的难易程度,相比于制造业企业服务类企业更容易将互联网及相关技术融入自身的业务,因此所处行业与企业"互联网+"转型绩效显著正相关。

表 3-13 "互联网+"转型绩效的 Logistics 回归结果

研究变量	因变量("互联网+"融合程度)			
	模型 4(1)	模型 4(2)	模型 4(3)	模型 4(4)
(常量)	−4.090** (0.195)	−6.333*** (0.381)	−10.113*** (0.935)	−7.048*** (0.418)
企业规模(Size)	0.153(0.129)	0.175(0.142)	0.265(0.326)	0.127(0.070)
上市年限(Lage)	0.449**(4.590)	0.601***(6.742)	0.737***(8.646)	0.747***(8.412)
所处行业(Ind)	1.502***(10.946)	2.016***(13.925)	1.558***(7.528)	1.378**(5.649)
资产负债率(Lev)	1.387(0.703)	2.218(1.586)	2.438(1.797)	2.101(1.192)
高管年龄(Mage)	−0.085(1.158)	−0.086(0.984)	−0.078(0.826)	−0.098(1.181)
两职兼任情况(Dual)	0.071(0.024)	−0.077(0.025)	−0.165(0.105)	−0.089(0.029)
董事会会议次数(BMN)	0.051(0.403)	−0.009(0.011)	−0.041(0.219)	−0.100(1.141)
前三大股东持股比例(Top3)	−0.045**(4.906)	0.053**(5.316)	0.058**(5.765)	0.062**(6.205)
转型方式(EM)		1.989***(14.912)	2.771***(17.175)	3.142***(19.037)
是否有互联网基因(IG)			1.672***(6.560)	1.768***(6.707)
转型时间(Time)				0.859**(5.291)
−2 对数似然值	136.985	119.489	111.862	106.093
Cox & Shell R Square	0.168	0.283	0.327	0.360
Nagelkerke R Square	0.227	0.382	0.443	0.486

注:采用双尾检验,*** $p<0.01$,** $p<0.05$,* $p<0.1$,括号内为 wald 统计量,样本量 $N=118$。

在依次加入"转型模式""是否有互联网基因"后,模型的解释力逐渐加强,而这两个变量也与企业"互联网+融合度"显著正相关($\beta=2.771, p<0.01; \beta=1.672, p<0.01$),说明企业采用外源方式实施"互联网+"战略更有利于企业快速切入相关领域,且企业掌握互联网及相关信息技术能力可以帮助企业整合相关资源实现融合发展。至此,假设 5、假设 6 得到验证。

在验证完假设 5、假设 6 后,本书进一步探究"转型时间"对企业转型绩效的影响。在模型 4(4) 中加入"转型时间"后,"转型时间"与企业"互联网＋融合度"显著正相关($\beta=0.859, p<0.05$),说明企业"互联网＋"转型需要一定的融合时间。

(五) 转型绩效与企业绩效的关系

本书进一步以企业绩效为因变量,探索"互联网＋"融合度对企业绩效的影响关系。在这一步,利用一开始的三阶分类变量测度企业"互联网＋融合度",表3-14 为"互联网＋"融合度与企业绩效的线性回归结果。

在控制变量方面,企业规模与企业绩效有不同程度的相关关系,说明企业绩效与企业属性有关。此外,企业"高管年龄"与企业"营业收入增长率"显著负相关($\beta=-0.050, p<0.01$),这可能是因为年龄较低的高管团队在绩效方面更加追求高成长性。

表 3-14 "互联网＋"融合度与企业绩效的线性回归结果

研究变量	因变量(企业绩效)		
	营业收入增长率	ROE	ROA
常量	−0.912(−0.374)	−0.635(−2.566**)	−0.442(−2.612***)
企业规模(Size)	0.177(1.670*)	0.029(2.591**)	0.019(2.639***)
上市年限(Lage)	−0.032(−0.586)	−0.006(−1.022)	−0.003(−0.919)
所处行业(Ind)	−0.037(−0.289)	−0.016(1.172)	0.010(1.137)
资产负债率(Lev)	−0.121(−0.283)	−0.056(1.252)	−0.038(−1.264)
高管年龄(Mage)	−0.050(−2.185**)	0.001(0.491)	0.001(0.721)
两职兼任情况(Dual)	−0.002(−0.020)	0.018(1.382)	0.011(1.241)
董事会会议次数(BMN)	−0.026(−1.674*)	−0.001(.914)	−0.001(−0.990)
前三大股东持股比例(Top3)	−0.007(−1.189)	0.001(1.686*)	0.001(1.823*)
"互联网＋"融合度(IA)	0.335(4.321***)	0.014(1.740*)	0.012(2.512**)
F 值	3.953	2.960	3.103
Adj−R^2	0.185	0.131	0.139
ΔR^2	0.132	0.016	0.028

注:*** $p<0.01$,** $p<0.05$,* $p<0.1$,括号中的数字为双尾检验的 t 值,样本量 $N=332$。

在加入了"互联网＋融合度"有序变量后,结果显示"互联网＋融合度"与"营业收入增长率""ROE""ROA"之间均存在显著的正向相关关系($\beta=0.335, p<0.01; \beta=0.014, p<0.1; \beta=0.012, p<0.05$)。这说明,企业"互联网＋"转型绩效不仅与企业成长性绩效正相关,而且与企业盈利性绩效正相关,假设7、假设7a、假设7b 得到验证。

第五节 本章小结

由于全球性金融危机的影响，粗放式经济发展模式背后的问题开始集中爆发，近十年来企业转型一直是新兴经济体重要的战略行为。同时，云计算、大数据、物联网、移动互联网等新一代信息技术的发展，为后发国家企业转型提供了全新的契机，新兴经济体有可能借助其与传统产业的融合实现经济转型。在政府的政策引导下，大量中国企业将"互联网+"战略作为企业转型的选择项目，但转型也面临着各种各样的问题。本书以企业转型理论、公司创业理论、互联网相关研究为理论基础，结合管理实践提出了本书的研究假设，并以中国创业板上市公司为研究对象对所提假设进行了实证检验。通过实证研究，本书得出的结论主要如下。

第一，如果企业拥有互联网及相关技术，企业更可能实施"互联网+"战略。企业转型具有很强的资源依赖性，如果企业转型完全进入一个陌生的产业环境，企业面临着诸多的新进入者劣势。如果企业拥有新进入产业相关的资源能力，企业可以有效克服转型中的阻力。尽管中国政府在积极引导企业"互联网+"，但是大多数转型企业本身具有互联网基因，因此那些正在寻求实施"互联网+"战略的企业应该注重互联网相关技术能力的培育和资源的积累。此外，就企业所处的行业来说，企业主营业务中涉及服务型业务的企业更可能实施"互联网+"战略。一方面，服务业因为其自身特征更容易与互联网及相关技术融合发展，通过深度嵌入业务流程等为企业创造价值。另一方面，伴随着制造企业服务化的趋势，制造企业需要借助互联网及相关技术来实现服务化转型。

第二，企业"互联网+"战略的实施有利于企业的绩效。尽管理论上互联网与传统产业的融合增加了企业的经济价值，但是国内还较为缺乏相关的实证文献。就短期来说，"互联网+"战略的实施不仅有利于企业的成长性绩效，而且与企业的盈利性绩效正相关。通过运用互联网平台及相关技术，企业不仅可以开源，而且可以节流，短期内提升了企业的竞争力，因此相比于竞争对手可能会有较好的绩效。

第三，企业"互联网+"融合程度受到企业转型方式、企业互联网技术水平和转型时间的综合影响。如果企业采用外源的转型方式，企业将快速获取互补性战略资源，减少了新进入者的劣势，为融合发展奠定良好的基础。此外，企业自身的信息技术能力对企业"互联网+"转型后的整合有举足轻重的作用，拥有互联网及相关技术的企业更可能在短时间内实现融合发展。转型时间决定了持续投入的资源和融合所用的时间，转型时间越久，企业"互联网+"融合水平也会越高。

第四，企业"互联网＋"融合度越高，企业的绩效越好。无论企业是否有互联网基因，或者是采取何种转型方式，企业"互联网＋"融合度越高，企业的绩效会越好。西方学者对信息技术投入与企业绩效间的关系展开了大量的研究，得出的结论也多不相同，因此开始将焦点关注在信息技术能力与企业战略资源的互补性融合，并认为只有通过战略互补企业才能利用信息技术能力建构起持续的竞争优势。本书用中国企业的数据部分验证了这一论断，即企业只有将互联网平台及相关技术与自身业务产品等深度融合，企业才能获得较好的财务绩效。

通过以上结论得知，企业实施"互联网＋"战略有利于企业的绩效。就目前来说，实施"互联网＋"战略的企业更多的还是自身具备相关的技术和能力，或者是其主营业务中包含服务型业务。但是，无论企业是否具有互联网基因，或者是采取何种方式实施"互联网＋"战略，最终落脚点都要放在促进互联网平台及相关技术与传统业务资源等的深度融合。只有将自身业务深度嵌入互联网平台，并将相关信息技术有机嵌入在企业业务流程中，企业才能从"互联网＋"战略中获得真正的收益。

第四章 "互联网+"关系维护对创业团队的影响

第一节 基于在线沟通的"互联网+"关系维护

近年来,经济增长放缓,传统企业面临转型困境,就业形势严峻。创业成为当前的重要选择。有力的证据表明,创业团队越来越普遍并且在新创企业的发展和绩效中扮演着关键的影响作用(Carland,2012)。然而,创业环境竞争激烈,许多创业活动由于各种原因最终失败。在创业失败的若干原因中,产品问题、资金短缺和团队矛盾较为常见。因此,消除团队矛盾、维持团队成员的和谐团结,是创业成功的重要条件之一。

创业团队不同于传统团队。Lechler(2001)认为,建立和经营发展新创企业的创业团队面临着来自商业环境和技术不确定性的巨大挑战,且需要在市场环境下坚持到成熟阶段。陈忠卫(2013)对创业团队特征的研究也指出,创业团队具有任务依赖性。在地域分布上,创业团队往往分布较为分散;在工作上,由于创业环境变化迅速,创业团队成员需要随时掌握市场动态并进行及时沟通。出于节约成本和随时沟通的业务需要,基于互联网技术的远程办公、异地协作成为创业团队的工作方式之一。显然,保持创业团队成员之间高效的、令人满意的在线沟通,协调创业团队成员关系、尽可能消除成员之间的冲突和矛盾,从而促进创业团队齐心协作、共同努力,是创业团队取得成功绩效的重要条件。

证据表明,社交媒体等在线沟通工具日益成为信息分享、情感交流和关系维护的重要工具,在商业活动中不可或缺。根据艾瑞咨询发布的《2016年中国网络新媒体用户研究报告》,微信、微博等社交媒体已经成为超过六成的新媒体用户在近3个月里获取新闻资讯的主要方式。依赖社交媒体获取信息以及表达诉求逐渐成为用户习惯。QQ和微信等原本主要应用在个体用户的非正式沟通的新社交媒体,逐渐被企业所应用,成为正式的商务沟通的重要工具。某些企业参考此类应用而开发了应用于企业管理的在线沟通工具。例如,小米CEO雷军就表示,小米公司内部"基本上不开会",连报销都可以通过米聊解决①。Xiaojun Zhang (2013)基于社会网络结构理论,指出在线和线下沟通互为有效补充,并对工作绩效具有显著作用。

崔佳颖(2006)指出,相比于正式沟通,非正式沟通具有相对不严肃的气氛,但却具有随意、方便、迅捷和高效的特点,并且能够使沟通双方达成一定程度的感情交流。非正式沟通有助于提高沟通满意度(张莉,2012)。在线沟通在信息流动方面具有较强的自由、多向和任意的特点,更多地体现了非正式沟通的特点。随着在线沟通更多被企业管理所应用,非正式沟通已经成为企业重要的沟通方式。

娱乐性同样成为以新社交媒体为载体的在线沟通方式的重要属性,主要原因在于新社交媒体所具有的连接一切的特点、包罗万象的内容以及层出不穷的表现形式。Facebook、微博、微信等在线沟通工具均明显具有该特点。可以发现,职场广泛应用的在线沟通更加具有娱乐性和趣味性。

即时通信软件微信(WeChat)已经成为国内应用最为广泛的社交软件。据腾讯CEO马化腾在2018年"两会"期间透露,微信全球月活跃用户已突破10亿。微信在职场中也得到了极为广泛的应用。根据企鹅智酷发布的《2017微信用户&生态研究报告》,微信成为企业重要的办公平台,超过四成用户将微信大群作为企业内部工作沟通渠道。微信对微商户和个体经营者的移动办公更具有重要作用。微信从熟人社交向泛关系社交变迁,成为帮用户不断拓展关系的沟通工具。职业社交成为微信的重要功能。

Facebook、Twitter等社交软件尽管在国外非常流行,但其更加符合国外用户的文化和使用习惯,且受限于特殊原因,在国内无法大规模推广应用;而相比于新浪微博、人人网等,微信具有更多的流量导入和独特之处,例如微信红包,因而成为方便的在线沟通工具。微信红包已经成为用户在线沟通不可或缺的重要功能。2018年除夕,共有6.88亿用户通过微信红包传递新年祝福,同比增长15%。在日常交流中,微信红包也被广泛应用。据《2017微信数据报告》,在支付方面,月社交支付次数同比增长23%。

许多研究指出,中国社会是一个"人情"社会,中国人在交往时更加注意维护彼此的关系。由于人情法则的存在,人们在交往建立关系时表现出互惠互利行为(李伟民,1995)。基于地缘、学缘等的交情也受到这种人情法则和互惠互利行为的影响,交往活动因此具有了交换的性质,但这种交换又不完全需要权衡是否绝对公平,它往往还带有一定的情感。红包本称压岁钱,是具有中国味道的传统习俗,后来逐渐成为中国人喜庆日子里承担传统礼俗的载体。显然,红包体现了中国社会的"人情"和"关系"。这是因为,传统红包是发给具有较亲关系的钱财,既

---

① 李善友.向雷军和小米学习组织创新.

表示经济层面的馈赠,也包含了精神方面的祝福。通过红包,发红包者施以人情,主动维护关系。在约定俗成的"礼尚往来"中,这种体现了人情的红包的收发存在来往的交换,尽管这种交换不一定需要实现经济层面上的等价交换,但却存在某种形式的弥补,比如接受馈赠的一方的感激、称赞或回赠。在一来一往中,双方的关系也就得到了建立和维护。王晓霞(2000)指出,中国的人情是联动人际关系的纽带,当人们在交往中希望建立较为密切的人际关系但却又没有亲缘关系基础时,就会施以人情,建立"拟亲缘关系"。微信红包作为微信的移动支付功能,除了具备传统红包的特点,还突破了只能在某些场景发放的限制,在普通关系群体中也被广泛应用,而背后体现的人情和关系理念却是一致的。微信红包"不是讲钱,而是载着感情",是一个"带着钱的表情包""是一个祝福,是一种文化的沟通"(马化腾在 2018 年"两会"期间语)。微信红包满足了中国人对发放人情和维护关系的需求。借助微信红包,不具有紧密联系的交际双方互相施以人情,加强了沟通联动,维护了彼此关系。微信红包功能充当微信沟通的重要"润滑剂",与社交功能水乳交融。

根据本研究作者对身边创业团队的调研,微信在其日常工作中被广泛运用,并且能较为有效地完成在线沟通。对于主要应用微信的微商创业团队而言,微信是其团队成员沟通、产品营销及销售等活动的最重要平台;对于其他异地协作的创业团队而言,尽管可以通过 Tower、Google drive 等云端工具处理日常工作任务,但是作为日益宽泛的社交工具,微信在创业团队成员沟通交流和日常工作事务处理中也日显重要。因此,微信已经成为当前创业团队成员在线沟通交流、处理日常工作和维系人际关系的重要工具。

在"双创"和"互联网+"的大政策背景下,研究基于以微信为代表的在线沟通方式对创业团队沟通满意度的影响,对维护创业团队团结稳定、提高创业团队的绩效,具有比较强的理论和现实意义。

第二节 "互联网+"关系维护与创业团队

团队创业越来越成为普遍的创业现象。从资源基础观来看,创业团队相比较于创业个体,具有多样化的知识和技能,也具备更多的资源和更强的能力。团队合作可以应对由创业环境变化引起的压力,增进成员间的相互信任和支持(Boyd等,1983)。尽管团队可能存在决策复杂和个体间矛盾等功能紊乱,或者费用繁多等不足,但是团队已经替代过去的个人英雄主义成为最主要的创业形式(Kozlowski,2003)。

创业团队的投入包括人力资本、物质资本以及社会资本。根据资源基础观,一般而言,创业团队异质性有利于改善创业绩效。然而相关实证研究却并不完全支持此结论,可能的解释是异质性创业团队内部也更容易出现对立和冲突(曾楚宏,2015),从而降低了团队绩效。社会资本方面,创业团队天生具有强关系的特征,团队成员必然是靠先前的某种关系才能走到一起(Timmons,1979)。社会关系与社会网络对创业成功具有重要的意义。国外相关研究表明,关系网络对创业团队发现商机、维持关系具有重要的作用。例如,Dholakia和Durham(2010)通过一家面包店和咖啡厅连锁店的案例分析了创业者如何通过Facebook的在线沟通建立与维护客户关系。已有研究认为,与商业活动相关的广泛关联对识别创业机会极为重要,因为这种关系提供了多种当被创造性整合时可以形成创业机会的原始材料的信息投入(Baron,2006)。在创业企业上升阶段,与那些可以寻得商业建议、财务资源和重要劳动力的人建立深厚关系可以在混乱的早期商业活动中生存。因此,在创业团队文献中,社会资本越来越受关注(Klotz et al.,2014)。

对创业团队的创业过程,国外研究主要关注团队沟通互动、领导风格、创业团队冲突与人员变更以及团队气氛,国内对该环节的关注较少。Lechel等(2001)发现,创业团队成员间的沟通、凝聚力、工作规范、相互支持、协调以及冲突解决等互动对创业成功具有关键性作用。Ensley(2006)的研究指出,权威型领导与交易型领导提高了创业绩效,而授权型领导和变革型领导则降低了创业绩效。然而,环境动荡性会扭转这一作用机制,使其具有相反的影响。

关于创业团队绩效的研究多以战略管理或组织管理中的绩效理论为基础,主要关注财务性指标,也有部分研究关注客户满意度等非财务性指标。此外,由于融资是创业企业的生命线,因此,也有某些研究将融资能力作为衡量创业企业创业绩效的重要指标。这些衡量指标各有侧重,各有优劣之处。例如财务性指标能够客观衡量企业的市场绩效,但是无法准确客观衡量创业企业的无形资产价值与成长性;而财务性指标的优点又是团队规模等指标难以企及的。

总之,关于创业团队的研究多立足于资源基础观,以团队特征为出发点研究创业团队的功能和绩效,忽略了创业过程中其他因素的作用,形成"黑箱"理论。

一、社交媒体与沟通

社交媒体(social media)随着国内外Facebook、微博、微信等产品登陆资本市场或飞速发展而获得学术界极大的关注。Kaplan和Haenlein(2010)提出,社交媒体是基于Web2.0技术允许用户进行内容创造和交流的网络应用程序。国内百度百科将其定义为人们用来分享意见和观点等内容的工具和平台,现阶段主要包括社交网站、微博、微信、博客、论坛等。综合来看,社交媒体区别于传统媒体(电视、报纸、杂志等)的特点在于通过互联网技术赋予个体创造、传播内容并且进行互动的能力。

国外的 Wiki、Facebook、YouTube 以及 Twitter 等的诞生时间相对早,因此国外关于社交媒体的研究相对丰富。国外关于社交媒体的研究主要包括了社交媒体使用行为、社交媒体带来的社会资本变化、社交媒体带来的营销模式变革以及社交媒体上个人信息公开带来的隐私泄露等四个关键主题(徐剑,2015)。国内对社交媒体的研究集中于与传播学相关、与企业相关以及与教育相关三个方面(叶志科,2016),对社交媒体使用行为及对人际关系的影响、沟通效果关注较少。

沟通是信息、思想与情感凭借一定符号载体,在个人或群体间从发送者到接收者进行传递,并获取理解达成协议的过程(杜慕群,2014)。团队沟通是团队成员用以"分享需要被成功整合的信息的手段"(Patrashkova—Volzdoska,2003),是"成员相互交换信息和交流情感的方式"(李树祥,2012),有利于形成高效的团队。

依据不同的分类标准,将团队沟通划分为如表 4-1 所示的不同类型。应当指出的是,团队沟通的类型划分并非非此即彼,往往相互包含交错。

表 4-1 团队沟通分类

分类依据	类型
任务的组织方式和人员的互动特征	环式、链式、轮式、全通道式以及 Y 式结构
沟通形式	口头沟通、书面沟通、非语言沟通以及电子媒介沟通
沟通渠道正式与否	正式沟通与非正式沟通
沟通信息的流向	上行沟通、下行沟通、交叉沟通以及平行沟通
反馈与否	单向沟通与双向沟通

资料来源:根据文献整理。

团队沟通与团队财务性绩效之间显然不是直接的"因果关系"。在 Ensley et al.(2003)创建的团队互动过程模型中,团队互动过程实现有效沟通,进而实现现金流和成长等团队效能。因此,在团队沟通对最终财务性绩效产生影响过程中,有必要探索团队沟通的直接绩效。

多数研究直接以实验结果或采取单维的量表测量团队绩效。例如,王永丽(2009)发现,在授权型领导行为变量下的参与目标设定与团队绩效的关系中,团队沟通起到了调节的作用,团队绩效以团队实验任务绩效衡量。吴隆增(2013)通过单维量表测量团队沟通,以我国 10 家制造型企业中的 95 个团队的数据进行层级回归分析发现,辱虐型领导对团队绩效具有显著的负向影响,团队沟通在其中起着完全中介的作用。王重鸣(2005)、杨付(2002)等均用类似的方法对团队绩效进行研究。

对团队沟通行为导致的直接绩效的关注较少,集中于沟通满意度、沟通有效性等变量。例如,张莉(2012)对黑龙江23家企业的调查数据进行回归统计,发现在组织的纵向沟通中,正式沟通和非正式沟通方式均能对沟通满意度产生正向影响,且正式沟通方式的影响更为明显。陈志红(2013)认为,影响团队沟通有效性的因素包括团队特征、沟通行为以及主体社会网络相关维度等。谢波(2010)基于媒体同步性理论,将沟通有效性和沟通满意度作为衡量沟通绩效的维度。

总结而言,前人关于团队沟通的研究将产生的绩效主要分为沟通满意度(刘彧彧,2010;张莉,2012)、团队信任(SL Jarvenpaa,1998)等非财务性指标以及战略管理意义上的"团队绩效",包括团队创造力(程国梁,2012;李树祥,2012)、团队效能(王海霞,2008;刘冰,2012;刘牧,2014)、知识共享(RE De Vries et al.,2006)、团队或组织绩效(Patrashkova-Volzdoska,2003;姚振华,2011;Xiaojun Zhang,2013)、(创业)决策绩效(胡桂兰,2014;束义明,2015)等。其中团队效能是一个多维的变量,包括了"团队绩效"、合作满意度、团队满意度和团队承诺等多个维度。大多数研究以普通团队或其他特定团队作为研究对象,例如对虚拟团队(谢波,2010;王重鸣,2005)、高管团队(束义明,2015)、销售团队(朋建芹,2014)进行研究。

二、团队在线沟通

社交媒体基于移动互联网技术,允许用户生成的材料共享。社交媒体有时被描述为"由观众创造的内容"(Comm,2009),具有极强的互动性。

(一)创业团队对外在线沟通的市场互动

创业团队对外在线沟通,是指创业团队利用社交媒体与团队外的行为主体进行交流互动的过程。创业团队往往利用社交媒体进行销售、客户服务以及品牌推广等市场活动,例如通过Twiiter提供优惠券促进产品销售。网络零售商Zappos聘请员工利用Twitter与外界沟通,向外界展示自己的文化和品牌。同时,利用社交媒体进行对外沟通也有利于改变创业团队的认知,从而改变其创业实践。例如,Comcast和西南航空等公司利用Twitter进行客户服务管理,根据客户的不满和负面评论做出回应,并以此促进组织变革(Siegler,2009)。

Fischer和Reuber(2014)认为,创业企业面临减少利益相关者的不确定性以及增加与竞争者的区分度两个挑战,创业企业可以通过故事叙述或象征性行动的线下沟通活动达成目标,但是也可以通过Twitter进行在线交流达到目的。Fischer等通过8个企业的案例访谈和Twitter内容编码总结出多维度(质量导向和差异化导向)且具有积极情感的在线沟通最有利于减轻不确定性和提高感知差异度。

国内关于社交媒体在创业团队对外在线沟通中的应用研究聚焦于营销方面。王霞和牛海鹏（2012）研究指出企业微博营销中品牌曝光度对企业网络口碑效果存在倒 U 型影响。邓乔茜等人（2015）概括了社会化媒体营销对增加价值资产、关系资产以及品牌资产的贡献，对社交媒体在关系资本中的价值表示肯定。

国外学者还指出其在识别创业机会认知中的作用。Fischer 和 Reuber(2011)通过企业的案例访谈和 Twitter 内容编码指出，创业企业利用 Twitter 与用户进行社会互动过程会激发创业者对其创业方法和效果之间的重新评估，进而影响创业机会的识别。实际上，在线沟通对创业机会识别的启示作用也有可能发生在团队内沟通当中。

（二）团队内在线沟通的非正式沟通特质

团队内在线沟通指团队成员通过在线工具进行工作内容或其他事务的沟通交流。McAfee(2006)认为，随着互联网技术的普及，企业 2.0 技术可能使得渠道比内网平台使用更多，更有利于员工更多的信息生成和共享。更多沟通渠道将被开发利用。以即时通信为例，第 41 次《中国互联网网络发展状况统计报告》显示，截至 2017 年 12 月，即时通信用户规模达 7.20 亿。即时通信产品的服务连接能力和办公场景下应用能力不断拓展增强。

社交媒体更多被应用于企业管理沟通并产生了积极作用。例如，罗念龙等（2014）构建了企业内部博客系统使用行为对员工组织沟通满意度的模型，利用某家移动通信服务提供商的数据，研究了企业内部博客使用行为对员工组织沟通满意度的正向影响。

团队通过社交媒体进行沟通，不严格遵循组织结构或层次系统，相对而言是一种非正式沟通。J. David Johnson(1994)认为，非正式结构的作用使得沟通更为便利，维持组织作为一个整体的凝聚力，并且维持个人自主感，甚至有利于创新。崔佳颖（2006）指出，非正式沟通相比而言能在沟通中实现更多的情感交流，在信息沟通方面具有更多的"不固定、自由开放"的特点。Dejin Zhao(2009)则认为，非正式沟通分别从人际和个人两个方面产生有益结果：前者包括建立彼此间认知、发展共同基础以及维持相互联系的感觉，后者则包括对个人职业或其他个人兴趣有价值的信息或知识、偶然的合作机遇等。他以推特为例，指出其在工作中作为非正式沟通媒介的潜力，其中原因在于推特具有在团体合作工作中促进信息分享、建立共同基础以及维持合作伙伴间的联络感等众多影响。Yan Huang(2010)构建了一个动态结构模型，提出员工作为"内容创造者"参与企业博客论坛，可以采用前瞻性的决策制定规则，实现提高内部声誉和知识的长期目标；而其他员工也可能会基于同事的行为采取行动最大限度地提高声誉和知识等相关收益。Jih－Hsin Tang(2012)则基于社会渗透理论研究探讨了博客对博主向亲朋好友和在线观众进行自我展示具有重要意义。因此,在线沟通作为一种更倾向于非正式的沟通方式,减小了沟通障碍,有利于沟通主体间的互动和自我表露,对企业员工表达自我、获取信息、增强交流都具有积极作用(罗念龙,2014)。

(三) 基于微信的在线沟通的研究

作为"连接一切"的平台应用,微信在2018年春节全球用户已经破十亿,成为人们日常生活中不可或缺的在线沟通工具,并且被应用到工作中,成为工作用户的重要应用。

1. 微信的信息传播特点

谢新洲等人(2013)认为微信是"以关系为核心的具有高度私密性的社交工具",因为微信好友的建立主要结合线下熟人关系,传播内容更具隐蔽性且以人际传播为主,因此微信更注重社交而非内容。方兴东等人(2013)认为,微信"以点对点传播为主""准实名性",更为私密、大众传播力弱。除了强关系、私密性相对较高的特征,童慧(2013)认为,微信的"富媒体传播""有选择的碎片化传播"等信息传播特点增强了交流效果和"人际传播的人情味"。相比于微博,微信黏性更强、交流体验更好,私密性也更强,但传播和媒体属性较弱。不过,随着功能的不断完善和拓展,微信的媒体属性已经得到较大的提高。王含悦(2017)指出,随着移动互联网的发展,微信传播的信息传播特点也得到了优化,信息接收者进一步掌握主动权,交互性增强。

微信具有非正式沟通媒介的特质,可以帮助沟通主体通过观察他人个人生活的细节以更好地了解对方,从而为交流认可和社会支持创造了更多的机会,有利于建立共同基础,创造和维持联系的感觉,加强沟通双方对未来合作的努力。除了在微信群中和私聊对话"互通有无"以外,沟通主体还可通过朋友圈进行交流。张瑞(2015)认为,互联网社交媒体可以避免面对面交流的压力,而且可以提供畅所欲言、旁征博引的"开放式对话"环境,因而可以提高组织效率。微信不显示在线状态以及随时随地可以进行交流的特点,拉大了空间和时间的跨度,使得沟通更自由、灵活,正式交流过程中出现的压迫氛围被有效减弱。正如研究指出,非正式沟通已经成为组织中重要的沟通方式,这在创业团队中表现得更为明显。创业团队中相对淡化的层级观念,使得沟通内容更容易被接受。

2. 应用微信进行在线沟通研究现状

国外对微信的研究很少。国内对微信在在线沟通方面的研究主要在于其营销或传播功能。原因在于,微信连接领域越来越广,在政治、经济、文化等各方面都显示出了不可忽视的社会影响力(谢新洲等,2013)。微信在组织外部沟通的应用集中于市场营销、媒体传播以及政务服务等方面。

也有少数研究关注微信在组织沟通中的应用。韩月华(2015)以某能源公司为例研究微信在企业内部沟通中的应用,总结了微信作为企业内部沟通渠道的优势以及存在的一些问题,认为微信解决了企业沟通存在的一些顽疾,满足了企业沟通的需求。丁广勋(2015)对比了微信与其他组织内沟通方式的特点,指出微信在提高沟通有效性和沟通满意度方面具有积极作用。李晓军(2016)提出,基于微信的内部沟通体系可以实现沟通的虚拟扁平化管理,实现大型复杂项目内部高效沟通。

随着微信迅速发展和广泛渗透,对微信的研究逐步深入、完善,但总体来看对微信最主要的社交功能的研究相对有限,从微信最为广泛应用的组织内部沟通的角度的研究还比较欠缺。

3. 微信红包对人际沟通的影响

微信红包是微信于2014年1月27日推出的移动支付功能。自推出后,微信红包迅速流传开来,并逐渐成为一种全新的用户习惯和文化现象。微信红包的收发数量也在一路飙升,不断刷新纪录。2018年除夕,共有6.88亿用户通过微信红包传递新年祝福,同比增长15%。

微信红包的爆炸式增长趋势引起广泛关注。王瑞(2015)认为,微信红包具有"便捷性、社交性以及娱乐性"三个特点。相比于银行支付渠道,微信红包可以直接在聊天界面向特定个人发送,操作便捷有趣,满足了用户的社交需求;收到红包打开的同时,红包金额便直接进入零钱。在微信群聊中,微信红包收发范围进一步拓展到不一定认识但是有一定关联的人,社交范围扩大。此外,微信红包趣味性强,任何人都可以参与。在群聊中,用户需要积极参与其中,才能"抢"到红包。微信红包金额不一定要最大或要求平均,但参与者会得到较强的满足感。参与者可以看到红包分布情况。微信红包往往可以激活一些"潜水"用户,活跃群聊气氛。微信红包有利于维护和加深人际关系、扩大人际关系范围以及重塑平等的人际关系(王瑞,2015;申思达,2015;肖鲁怀,2015;王亚平,2016;胡利超,2016;王欢,2015)。

第三节 "互联网+"关系维护对创业团队影响的实证设计

一、创业团队沟通的维度

团队沟通对生产力和管理者判断有显著的影响作用。国外关于团队沟通的研究较早。Roberts & O'Reilly(1974)开发的组织沟通问卷被广泛认可,后续研究者多直接采用或借鉴。Roberts & O' Reilly(1974)将组织沟通划分为16个维度,全面测量了非沟通维度、沟通结果、沟通方向以及沟通方式等多个方面。Penley & Hawkins(1985)认为从信息传递的方向和形式两个维度对组织沟通进行测量。Hoegl(1998)提出,沟通质量取决于信息交换的频率、正式化(formalization)、结构以及开放度。Mohr & Nevin(1990)则将沟通分为沟通频率、沟通方向、沟通形式以及沟通内容等四个维度。高维和等人(2010)认为,企业间协同沟通对企业绩效具有正向影响关系,协同沟通可以分为沟通频率、交互反馈、复合性以及合理性。姜小暖(2011)则将团队沟通分为沟通频率、反馈程度以及学习程度三个维度。程国梁(2012)参考季晓芬(2008)的研究成果,将团队沟通划分为成员激励、信息共享、情感交流以及团队协作四个维度。束义明(2015)则参考Smith(1994)的研究结果,将团队沟通划分为非正式沟通、沟通频率和沟通气氛三个维度。

不少学者单独从团队沟通的某个维度研究团队沟通的作用。例如,Lengel & Daft(1985)认为从沟通形式对沟通进行衡量,分为语言沟通和非语言沟通;Campion et al(1993)突出了沟通频率的地位的重要性。Yan Xiao et al.(2003)研究了不同条件下团队沟通模式对团队结构的适应性的描述作用;RE De Vries et al.(2006)则研究了团队沟通风格和工作相关认知与知识共享态度和行为之间的关系;SN Chang et al.(2009)指出,沟通模式的影响因团队内部多样化程度而异。姚振华(2011)研究了高管团队男性比例和平均团队任期对组织绩效的正向影响,沟通频率作为团队沟通的测量工具在其中起完全中介作用。Chia-Liang Hung et al.(2013)则将团队沟通分为团队对内沟通和对外沟通两个类型。O Krancher(2017)将沟通意识视为团队沟通的测量指标,指出在高沟通意识状态下的高绩效团队通过早期和稳定的沟通脱颖而出。也有一些研究者研究团队沟通只用某些混合的题项加以测量。例如,杨付(2012)研究团队沟通对团队成员创新行为的倒U型影响;胡桂兰(2015)研究团队沟通在创业团队异质性与风险感知的关系中的中介作用以及吴隆增(2013)、刘冰(2012)、李树祥等人(2012)的研究。

本研究将学者观点整理如下(见表4-2)。

表4-2 团队沟通维度研究整理

研究者	主要观点
Roberts & O' Reilly (1974)	员工对上级的信任、上级对员工的影响、员工流动性、沟通欲望、向上沟通、向下沟通、水平沟通、沟通准确性、沟通概括性、信息把关、信息过载、沟通满意度、书面沟通、面对面沟通、电话沟通以及其他
Penley & Hawkins(1985)	沟通方向、沟通方式(直接沟通与间接沟通)

续表

研究者	主要观点
Lengel & Daft (1985)	沟通形式(语言沟通、非语言沟通)
Mohr & Nevin, (1990)	沟通频率、沟通方向、沟通形式以及沟通内容
Yan Xiao et al. (2003)	沟通模式(障碍型和问题型)
RE De Vries et al. (2006)	沟通风格(外向性和宜人性)
季晓芬(2008)	任务性沟通、私人性沟通和反应性沟通
SN Chang et al. (2009)	沟通模式(面对面与计算机为中介)
高维和等人(2010)	沟通频率、交互反馈、复合性以及合理性
程国梁(2012)	成员激励、信息共享、情感交流以及团队协作
Chia-Liang Hung et al. (2013)	内部沟通、外部沟通
束义明(2015)	非正式沟通、沟通频率和沟通气氛

数据来源:相关文献整理。

陈志红(2009)认为,沟通具有信息交流、情感交流、激励、控制等多个功能。季晓芬(2008)结合中国社会文化特点,在参考 Penley & Hawkins(1985)的量表上,根据沟通内容提出将团队沟通划分为任务性沟通、私人性沟通和反应性沟通三个维度。创业团队应用微信进行内部在线沟通过程中,除了可以在聊天框发送文本消息、语音、表情包、文件、链接等,还可以实现实时语音通话、视频通话,在朋友圈发布内容以及进行移动支付等。尽管表现形式相近,但实现内容却有所不同。参考季晓芬、程国梁对沟通维度的划分,本研究将微信在沟通中实现的内容分为信息性、娱乐性以及激励性三个方面。信息性内容主要指进行信息传递交流的内容,娱乐性内容主要指目的在于进行娱乐气氛的内容,激励性内容则主要指目的在于安慰、鼓励和关心团队成员的内容,以达到关怀和激励的作用。

根据信息的不同内容,本研究将基于微信的创业团队在线沟通分为信息性沟通、娱乐性沟通和激励性沟通。

二、创业团队的沟通满意度

关于创业团队绩效的研究多关注成长绩效或融资能力,绝大多数文献在衡量创业绩效时仅仅考虑了 Venkatraman 和 Ramanujam(1986)提出的财务性(financial)和操作性(operational)的前者,对后者关注较少,只有少部分通过员工离职率、相对质量(relative quality)以及客户忠诚度等来衡量创业绩效(Murphy,1996)。Sanjib Chowdhury(2005)将任务知识、工作量作为创业团队绩效;陈忠卫(2008)将创业团队决策质量和决策效率作为创业团队绩效;Sebastiaan Van

Doorn et al.(2013)则将收入、利润等财务性指标作为团队绩效。然而,创业团队沟通的绩效可能更多与操作性指标有关。许多学者对创业团队进行了研究,提出了创业团队的非财务性绩效。刘牧(2014)研究了创业者领导风格对团队效能的影响,团队沟通在此过程中起到了中介的作用,团队满意度是创业绩效团队效能的维度之一。W Zhou et al.(2015)将人际效能等作为团队绩效指标之一,谢永平(2016)和石书德(2016)均将创业团队成员的满意程度作为团队绩效的衡量指标之一。

部分创业团队绩效研究整理见表 4-3。

表 4-3 部分创业团队绩效研究整理

作者	研究对象	团队绩效	因变量分维度或说明
Murphy(1996)	创业团队	创业绩效	效率(主要指回报率)、增长率(财务指标)、利润、流动性规模、市场份额、杠杆率;员工离职率、相对质量、客户忠诚度等
Lechler(2001)	创业团队	创业成功	经济成功、竞争地位、效率、客户满意度
Sanjib Chowdhury (2005)	创业团队	团队有效性	任务知识、工作质量、工作量、主动性、人际交往技能、计划和分配、整体表现
陈忠卫(2008)	创业团队	团队绩效	团队决策质量、决策效率、目标接受程度
Sebastiaan Van Doorn et al.(2013)	高级团队	团队绩效	收入、利润、资产回报、市场份额提升值
刘牧(2014)	创业团队	团队效能	团队绩效、团队满意度和团队承诺
W Zhou et al.(2015)	创业团队	团队绩效	产出效率、质量有效性、变革有效性、组织和计划有效性、人际效能、总体效果
谢永平(2016)	创业团队	团队绩效	既定目标完成程度、团队成员关系、成员满意度和再次合作意向
石书德(2016)	创业团队	团队绩效	团队合作满意程度、团队运行效率、团队产生创新性想法和团队总体成绩

数据来源:相关文献整理。

在日趋激烈的商业环境中,商业组织需要成员对企业战略具备责任感,这在处于高度不确定性环境中的创业团队中更加举足轻重。有效的沟通过程在一定程度上可以培养团队成员的责任感,是商业组织的优势所在(钱小军,2014)。

沟通满意度是沟通行为的重要结果变量。该概念是 1959 年美国普渡大学 Dale Level 博士提出的,定义为员工对自己在沟通环境中"知觉满足之整体性的程度"。Downs、Hazen(1977)认为沟通满意度是一个多维构念,并列出了沟通满意度的8个维度。较多研究指出,沟通满意度对员工的工作满意度、离职倾向,以及工作绩效等有紧密联系。JD Pincus(1986)通过对327名医院护士进行实地调查研究了组织沟通满意度与工作满意度和工作绩效之间的关系,发现沟通满意度和工作绩效之间存在显著的正相关关系。Pettit(1997)提出,员工的组织沟通满意度对员工的工作满意度和组织绩效具有重要的意义;MT Tsai et al.(2009)也提出,员工的沟通满意度与工作绩效正向相关,与离职倾向负向相关。J Carrière et al.(2009)也认为,工作满意度和情感组织承诺受到沟通满意度的正向影响。刘彧彧(2010)也指出,沟通满意度同离职倾向存在显著的负相关关系,同工作绩效存在显著的正相关关系。Abdollahi(2010)提出,非正式的沟通形式可以提供更多信息,将成为任何组织不可避免的一部分,这可以提高沟通满意度,进而对组织公民行为产生积极的影响,有利于形成组织的竞争优势。陈志红(2009)也认为沟通满意度能较强地预测员工的工作满意度、离职倾向和工作绩效。由上述研究可以看出,较高的沟通满意度有利于维持沟通主体较高的工作满意度和团队稳定性,增加其工作投入,最终有利于提高工作绩效。

创业团队具有较高的不稳定性,若能形成较高的沟通满意度,可能有利于提高团队的稳定性和员工的工作满意度,进而形成较高的团队绩效。综合参考以上学者研究成果以及创业团队的特征,本研究将沟通满意度作为创业团队的沟通绩效。

三、创业团队在线沟通对团队沟通满意度的影响

创业团队在从初创到成熟阶段的过程中,几乎总是经历着各种变化。在新创企业发展和成长过程中,那些原本在创业早期已经适应的团队成员可能随着创业进行而渐渐无法适应(Boeker,2005;Clarysse,2004)。这决定了创业团队决策模式和内容不可以一成不变,团队成员需要花更多的时间进行改变。团队的改变需要成员知悉、认可和支持,因而更加需要沟通。Nonaka(1994)指出,组织内高管团队密集的沟通能够促进形成"互动共同体",并凭此产生做出战略决策所需的大量新知识和视角,有利于取得理想的决策绩效。沟通提供了团队成员间信息和情感等交流的渠道。刘牧(2014)认为,团队沟通有利于降低团队成员间的竞争,加强其满足感,并且提高团队绩效。良好的沟通有利于创业团队成员准确把握创业环境的复杂性和不确定性,提高认知达到一致的程度,提高彼此理解和认同程度,促进相互支持和团结,促进创业知识和信息流动更新,对自身拥有的知识和信息等实现有效整合和处理,从而提高对沟通过程的满意程度,加强团队合作,产生良好的绩效。

创业团队借助于在线沟通工具克服不具备面对面交流、随时需要进行沟通以

应对紧急情况等不利条件。微信作为创业团队广泛使用的在线沟通工具,为团队成员的沟通互动、信息获取和自我展示提供了丰富的形式和渠道,有利于形成良好的沟通氛围,增强团队成员对沟通过程的知觉满足程度。良好的在线沟通实现了信息、情感等内容的高效交换,降低了可能存在的不利情况的发生概率,减少了不利情况对团队和谐的不利影响,提高团队成员对该沟通过程的满足程度。

基于此,提出假设一。

H1:创业团队在线沟通对沟通满意度有正向影响。

(一) 信息性沟通对创业团队沟通满意度的影响

创业团队成员在线沟通过程中,通过各种形式传递的经验、见解和相关内容的分享能够使其他成员获得较多的信息。清晰、畅通、富媒体化的信息传达使得沟通主体在表达意思时会更加充分,具体而微。通过信息交流,团队成员获得了相关信息,吸取了相关经验和专业知识,因此能更多地了解团队任务和其他成员的观点等信息。由于即时通信的时效性,沟通者能够及时得到其他成员的反馈。微信对各类信息服务的连接能力使得在线沟通在信息获取上更为全面及时。信息交流是沟通的主要目的,有效的信息沟通会使团队成员对沟通感觉满足、肯定。

另一方面,创业团队面临较高的风险和不确定性,加之分散的地理分布,团队成员可能存在潜在误解和矛盾,因此更需要团队成员各抒己见、出谋献策。若创业团队成员在沟通过程中能够通过综合运用多种形式,促进信息充分分享,沟通主体能够更加体谅对方处境,感同身受,不至于因沟通不充分而产生巨大的分歧和误解,降低因分歧和误解对人际关系、沟通氛围的破坏,因而有利于保持对团队沟通的满意和认可。

基于以上分析,提出假设二。

H2:创业团队信息性沟通对沟通满意度有正向影响。

(二) 娱乐性沟通对创业团队沟通满意度的影响

必须承认,正如美国学者尼尔·波兹曼所指出,"现实社会的一切公众话语日渐以娱乐的方式出现,并成为一种文化精神。"在中国互联网络信息中心(CNNIC)发表的第41次《中国互联网网络发展状况统计报告》中,网络娱乐成为互联网的核心内容之一。娱乐性已嵌入社会多种活动当中。

娱乐功能被认为是大众媒介的功能之一。刘璟(2011)认为,在经济因素的推动和其与政治的博弈过程中,受众位置改变,信息娱乐化已经成为一种态势。对于微信而言,娱乐更是其不可或缺的属性,它迎合了用户需求,缓解了信息量爆炸的互联网时代带来的压力,促进了用户群体的情感沟通。沟通过程中紧随社会热点的图文比较喜感、搞笑,但却能够引起情感共鸣。例如,风行一时的"葛优躺"在某种程度上反映了当前职场人的精神状态和社会心态。这个在微信中流行的表情包"无声胜有声",使得沟通主体间感觉较为亲切。随时可以分享的链接内容更是包罗万象。娱乐属性使沟通过程不再单调,显得丰富多彩。

娱乐性沟通往往可以营造轻松的氛围。当沟通双方意见相左时,娱乐性内容往往能缓和气氛、解除尴尬困境;即使不存在相互矛盾的情况,娱乐性内容也可以创造融洽轻松的氛围,缩短团队内不同层级或陌生造成的人际距离,找到沟通双方能接受的共同话题,建立共同基础,引起情感共鸣,让创业团队成员对团队沟通环境的感觉更为自在和认可。娱乐性沟通使得创业团队在线沟通张弛有度,而且这种轻松和谐的状态更容易让人感到满足。

基于以上分析,提出假设三。

H3:创业团队娱乐性沟通对沟通满意度有正向影响。

(三) 激励性沟通对创业团队沟通满意度的影响

Ensley(2002)研究发现,新创企业高管团队凝聚力与团队成员间认知冲突和新创企业成长绩效正向相关,但受到情感冲突负向影响。可以看出,减少情感冲突,维持创业团队成员之间的情感和睦,可以通过某种机制对创业团队绩效产生积极影响。

创业团队成员在进行激励性内容沟通时,可以给其他成员形成支持的感知,并增强沟通环境的和谐程度,给予其他成员以鼓励,提高对团队和沟通的认可,形成较高的满意度。创业团队通过微信的激励,过程更加直接,能够更为有效地跨越层级、部门的障碍,改善团队成员间的人际关系,提高团队成员对团队沟通环境的满意程度。

基于以上分析,提出假设四。

H4:创业团队激励性沟通对沟通满意度有正向影响。

四、微信红包的调节作用

随着个体的社交圈扩大和生活节奏加快,普通人际关系容易淡化。创业团队的沟通多通过在线工具进行,因而可能需要维护人际关系。

中国文化讲究"人情"和"关系"。费孝通先生在《乡土中国》中指出亲密社群的团结性依赖于社群成员之间互相拖欠着的人情,且这种人情无法算清。Hwang(1987)的经典研究指出,人情被认为是关系的核心维度之一,主要存在于邻居、同事、师生等非血缘的关系之中,并使关系主体保持了表达性(expressive)。中国的人情交换存在三种类型,第一种是"恩情",第二种是有目的的人情投资,第三种是一般性的礼尚往来,有来有往,加强感情联络互动(翟学伟,2004)。人情往往同时包含物质和情感,而且难以准确计量并无法确定回报及其时间,但是却遵循着互惠的基本道德规则,其运作不全符合"经济人"的理性假设原则,更倾向于追求动态的"互惠的最优化"(翟学伟,2004)。冯必扬(2011)基于社会交换理论指出,人情社会是社会交换的重要形式,其中的情感表达是值得发扬的,在我国仍具有重要意义。为了保持人情,参与者原则上需要投桃报李。因此,社会活动参与者为了期望获得理想的资源分配,会应用人情法则,采取与他人建立关系、"已所欲而施于人"的策略,以求资源分配者以有利于自身的方式分配资源。张闯(2012)认为,人情是一种符合中国独特的文化传统和社会制度的机制。他通过来自生产制造商的 278 个样本数据发现人情在契约正向影响绩效的过程中起到正向调节作用。陆钰文(2014)在博士论文中以合作创新项目团队沟通管理为例,认为中国人情文化较为严重,适度的关系嵌入管理对团队沟通管理是必要的。

关系可以说是中国商业活动的命门。关系对企业信息交流的频率和质量的提高有积极作用,对企业识别商业机遇、获取商业资源、提高企业绩效具有极其重要的意义。Mike(2000)使用中国调查数据实证研究说明,管理者同其他政企高管个人间的关系经营可以提高组织绩效。而内部关系也有利于提高企业成员的信任和忠诚程度,降低监督成本,因而有利于创业企业团队内部信息的高效交流(唐炎钊,2013)。Clercq(2010)指出,企业利用创业导向成功实现绩效的能力取决于促进职能部门间知识流动的内部社会交换过程。该过程的核心是信任,当职能经理对彼此的诚实有充分的信心时,则不需要监督,有更多的时间投入广泛的知识交流中,并且显示出更高的分享隐性知识的动机。这种信任的建立,是两人表达性关系的体现。大多数研究表明,关系对创业企业的总体绩效具有积极作用。Yang(2012)用浙江省 130 个创业团队的数据分析指出,创业团队的关系网络规模和关系网络强度与创业团队所获得的资源和业绩正向相关。

"红包"是指用红纸包裹的钱,传统上指春节时长辈给小孩的压岁钱;现实生活中的礼金也可以红包形式呈现。在中国文化中,红包代表着"物质馈赠"和"精神祝福",是人情和关系的载体。红包有利于加强感情联络,缩小人际情感距离,对人际关系的加强和维护有着积极的影响。微信红包是微信的移动支付功能,而且使微信显著区别于国外流行社交软件。微信红包使得传统上基本只在喜庆日子才出现的红包成为人们日常生活的一部分,改变了红包的传统意义并在一定程度上改变了人际关系。传统红包从社会等级相对高的群体流向社会等级相对低的群体,体现较强的等级属性。微信红包实现了任意群体间的红包收发,一定程度上改变了传统红包具有的等级观念,有利于重构不同社会等级群体间的平等关系(申思达,2015;王欢,2016)。同时,微信红包又保留了传统红包的情感内涵。王欢(2016)指出,微信红包是当前沟通的一种有效方法。凭借其便捷、社交、物质化以及娱乐的属性,相比于客套和单调的文字信息,微信红包即使金额不多,但是足够代表祝福者的心意,可以促进信息和情感的交流,迅速缩小人际距离,加深人际关系。微信红包帮助创业团队打破时间和空间的限制,增强交流和互动。许多受访者表明,若在发布消息前或者沟通过程中发红包,往往能激活一大批"潜水者",使更多人加入沟通,并且使得沟通效果更为理想。而实际上,发出的微信红包金额不一定很大,也不一定每个人都能抢到,当然每个人得到的金额也不一定相等。创业团队成员在沟通过程中使用微信红包,可能是一种发放人情、建立维护彼此更为紧密的关系,并期待获得别人一定的资源倾斜的需求表现;接受红包的人往往觉得"一分也是爱",会不自主地撤除彼此间心理"屏障",情感上容易产生"回馈"的倾向,团队成员间沟通气氛会更为热烈而亲切。不分等级界限的发红包主体也增强了团队成员的自我感觉,提高了团队成员对沟通的满意程度与团队"向心力"。微信红包具有发放金额的限制,现实中也罕有数额较大的群发微信红包,微信红包收发者主要追求沟通气氛的自然和热烈,而非数额上较大奖赏和激励,因此接收的微信红包频率可能相对会对沟通绩效起到更大的作用,因为微信红包的收发频率体现了关系维护程度,频繁的关系维护可能更有利于提高沟通效果。基于此,本研究提出以下假设。

H5:微信红包频率越高,创业团队在线沟通对沟通满意度的正向影响越强。

H5a:微信红包频率越高,创业团队信息性沟通对沟通满意度的正向影响越强。

H5b:微信红包频率越高,创业团队娱乐性沟通对沟通满意度的正向影响越强。

H5c:微信红包频率越高,创业团队激励性沟通对沟通满意度的正向影响越强。

本研究提出的创业团队在线沟通行为对其沟通满意度的影响,以及微信红包频率的调节作用机制的研究框架如图4-1所示。

五、样本与数据来源

本研究的研究对象为在线沟通的创业团队,通过问卷调查的方式获取一手数据进行实证分析。

本研究数据获取主要分为两步。一是,在对文献进行阅读整理并对创业团队成员进行访谈后,提出研究假设,设计调查问卷并选取部分研究对象进行预调研。借力中山大学管理学院创新创业科研团队和本研究作者社会关系的帮助、反馈以及数据分析,对预调研问卷进行调整,形成最终问卷。二是,将最终问卷在研究对象中发放并收集数据,进行信度分析、效度分析、方差分析、相关性分析以及回归分析,将得到的数据结果进行分析验证,得出本研究的研究结论。

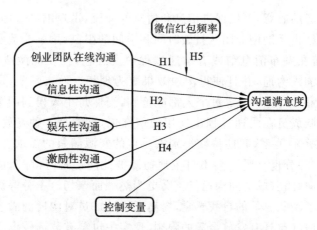

图 4-1 "互联网+"关系维护对创业团队的影响研究框架

本研究主要通过问卷星进行在线问卷发放。为增强数据的有效性,在发放问卷之前会发一定数量的微信红包,除了表示谢意之外,还有意与本研究的研究内容相契合,希望通过微信红包改变问卷填写主体的心理状态。

在实证分析阶段,本研究通过问卷星共发放问卷 116 份,收到的数据经剔除无效问卷 11 份,最终获得有效问卷 105 份。

六、变量测量与问卷设计

(一)变量衡量

本研究的研究变量包括自变量创业团队在线沟通、因变量沟通满意度、调节变量微信红包频率以及控制变量,主要通过参考前人研究成果并结合对创业团队成员的访谈结果,设计相应的 5 点 Likert 量表对研究变量加以衡量。

1. 创业团队在线沟通

本研究对创业团队在线沟通的研究着眼于其沟通内容,将创业团队沟通划分为信息性沟通、娱乐性沟通以及激励性沟通等三个维度。量表参考季晓芬(2008)的研究成果改编,主要根据其内容重新划分为信息性沟通和激励性沟通,娱乐性沟通方面则主要根据访谈结果设计。季晓芬该部分量表的 Cronbach's α 系数分别为 0.8768、0.8659 和 0.8321。本量表的信息性沟通、娱乐性沟通和激励性沟通等三个维度分别包括 5、5 和 4 个测量题项,共计 14 个题项。

2. 沟通满意度

Downs & Hazen(1977)的研究结果主张沟通满意度包括组织愿景、个人反馈、组织整合、上行沟通、水平-非正式沟通、沟通氛围、媒介质量和下行沟通八个维度。该结论被较多的研究者采用,例如 J Carrière et al.(2009)、G Ammari et al.(2017)等。也有一些学者参考该研究做了一些调整。例如,Varona,(1996)在八个维度上又增加了高管沟通和部门间沟通两个维度;JD Pincus(1986)的研究中,上行沟通、沟通氛围和个人反馈与工作满意度和绩效的关系更为密切。A Abdollahi(2010)参考 Downs 的研究结果,将其八个维度重新整合成人际、组和组织三个类别。M Iranmanesh(2016)研究幽默、沟通满意度和员工工作绩效之间的关系,将沟通满意度分为信息和关系两个维度。严文华(2001)则认为,上司沟通的主动性、信息的接收和发出、上司的不良沟通倾向、与上司和同事的关系、信息的分享、沟通的开放性等六个维度构成了沟通满意感。钱小军(2005)基于 Downs & Hazen(1977)的研究结果,对适合我国国情的员工沟通满意度进行实证分析,认为下行沟通、媒介质量和沟通氛围是最稳定的沟通满意度因子。

考虑到本研究的研究对象创业团队中尚无严格的层级区分,因此本研究借鉴钱小军(2005)、严文华(2001)和高珊(2011)的研究成果设计创业团队沟通满意度问卷,考虑将 Downs & Hazen(1977)经典研究的沟通满意度中的上行沟通、水平-非正式沟通和下行沟通用同事沟通加以替代。因此,本研究中创业团队沟通满意度主要包括三个维度,即媒介质量、沟通氛围和同事沟通。

3. 微信红包频率

前文分析指出,在中国特定文化情境下,微信红包可能对创业团队沟通起到一定的"催化作用"。微信红包是一个相对容易量化但却具有多个测量角度的变量,例如红包发放个数、单个红包金额、红包发放频率。本研究的研究对象为创业团队成员,根据访谈结果,从个人角度而言更多考虑个人收到红包的频率,而非收到的单个红包金额。因此,微信红包的调节作用通过接收的微信红包频率测量。

4. 控制变量

问卷填写主体存在差异,主要体现为性别、年龄、学历、团队所处行业性质及竞争程度、团队成立时间等,此类因素均有可能在一定程度上影响创业团队绩效。考虑到创业团队成员年龄普遍较为相似,加入团队时间也比较接近,而团队所处行业类型繁多且对本书研究问题影响可能不大,因此,排除年龄、团队所处行业性质和团队成立时间等 3 个变量。综合已有文献来看:其他常见的控制变量还包括团队规模;由于创业团队多在微信群中沟通,考虑把团队规模调整为微信群人数规模。本研究拟选取性别、学历和创业行业竞争程度和微信群人数规模作为实证分析的控制变量。

(二) 预调研

选取 40 名创业团队成员发放问卷。问卷回收后,进行信度分析和效度分析,对不符合统计要求的题项进行剔除,并根据问卷填写者的反馈和建议对问卷选项内容进行调整,形成最终问卷(见附录 A)。

信度分析检验量表是否测量单一概念,同时检验题项的内在一致性程度。一般要求 Cronbach's α 系数在 0.7 以上,如果能达到 0.8 则表示量表具有较高的信度。预调研信度分析结果见表 4-4。

表 4-4 预调研信度分析结果

变量	维度	题项数	Cronbach's α 系数		
在线沟通	信息性沟通	5	0.654		
	娱乐性沟通	5	0.899	0.890	
	激励性沟通	4	0.860		
					0.942
沟通满意度	媒介质量	6	0.930		
	沟通氛围	4	0.698	0.947	
	同事沟通	4	0.901		

效度分析衡量测量工具能够准确测出其所要测量特质的程度,检验题项的有效性。效度分析一般要求 KMO 尽可能大,Bartlett's 球形检验显著。预调研效度分析结果见表 4-5。

表 4-5 预调研效度分析结果

变量	维度	题目数	KMO	Bartlett's 球形检验		
				近似卡方值	自由度	Sig.
在线沟通	信息性沟通	5	0.690	65.064	10	0.000
	娱乐性沟通	5	0.860	188.971	10	0.000
	激励性沟通	4	0.806	115.852	6	0.000
	分量表	14	0.848	509.158	91	0.000
沟通满意度	媒介质量	6	0.842	323.225	15	0.000
	沟通氛围	4	0.676	109.027	6	0.000
	同事沟通	4	0.773	224.486	6	0.000
	分量表	14	0.895	876.521	91	0.000
全部题项		28	0.809	1588.684	378	0.000

从信度和效度分析的结果来看,问卷数据基本具有较高的可靠性和有效性。本研究在预调研收集数据过程中,向问卷填写人寻求反馈意见。主要问题包括题项区别度不高、表达意思不够明确、信度和效度分析结果还不够理想。参考创业者的反馈意见和数据分析结果,本研究将创业团队在线沟通中的"如果任务发生变更,我们团队成员会互相告知"删除,将沟通满意度中的沟通氛围维度中的"通

过微信,我与团队成员的沟通不会有心理负担"并入媒介质量,并将其他三个题项删除,形成最终的调查问卷。

七、模型构建

基准模型是只以控制变量进行回归的模型。本研究所拟用控制变量分别为性别、学历、创业行业竞争程度和微信群人数规模。因变量为沟通满意度。构建如下多元回归模型:

$$Sat = \beta_0 + \beta_1 Male + \beta_2 Educ + \beta_3 Scale + \beta_4 Comp \tag{4-1}$$

通过构建基准模型,本研究可以控制其他变量对创业团队沟通满意度的影响,更为准确地研究创业团队在线沟通对沟通满意度的作用。

在基准模型的基础上,以沟通满意度为因变量,分别以在线沟通及其维度为自变量,验证前文提出的假设,得到本研究的研究结论。因此,可以构建如下多元回归模型:

$$Sat = \beta_0 + \beta_1 Male + \beta_2 Educ + \beta_3 Scale + \beta_4 Comp + \beta_5 Commu \tag{4-2}$$

构建多元回归模型(4-3)如下所示与模型(4-2)进行比较,若模型 F 检验通过、调整后的 ΔR^2 与模型(4-2)相比升高、交叉项显著性水平小于 0.1,则说明微信红包频率具有调节作用。

$$Sat = \beta_0 + \beta_1 Male + \beta_2 Educ + \beta_3 Scale + \beta_4 Comp + \beta_5 Commu + \beta_6 Frequency + \beta_7 Commu \times Frequency \tag{4-3}$$

第四节 "互联网+"关系维护对创业团队影响的实证结果

将调查问卷录入问卷星形成电子问卷,注意将某些题项反向设置。再次通过中山大学管理学院创新创业科研团队和作者社会关系进行扩散,并在数据后台导出数据进行处理。对填写不完整、只选择某个选项的问卷视为无效问卷予以剔除。共收到填写的问卷116,剔除11份无效问卷,共获得有效问卷105份。

为了提高数据质量,一般同个创业团队的成员填写的问卷不超过5份。由于创业团队比较特殊,不容易收集到足够大的样本量,因此最终得到的样本量不大,但是足够进行实证分析。

对本次问卷所得数据再次进行信度分析,得到表4-6所示结果。

表4-6 问卷数据信度分析结果

变量	维度	题项数	Cronbach's α 系数		
在线沟通	信息性沟通	4	0.788	0.909	0.947
	娱乐性沟通	5	0.904		
	激励性沟通	4	0.834		
沟通满意度	媒介质量	7	0.921	0.945	
	同事沟通	4	0.915		

从信度分析的结果来看,量表总体的 Cronbach's α 系数和分量表的 Cronbach's α 系数均超过0.7,说明调整后的量表具有较强的可靠性。

对问卷所得数据进行 KMO 和 Bartlett's 的球形检验,得到表4-7所示结果。

表4-7 问卷数据效度分析结果

		题目数	KMO	Bartlett's 的球形检验		
				近似卡方值	自由度	Sig.
在线沟通	信息性沟通	4	0.783	119.530	6	0.000
	娱乐性沟通	5	0.870	329.004	10	0.000
	激励性沟通	4	0.777	158.404	6	0.000
	分量表	13	0.881	840.365	78	0.000
沟通满意度	媒介质量	7	0.898	582.337	21	0.000
	同事沟通	4	0.805	386.848	6	0.000
	分量表	11	0.909	1059.298	55	0.000
全部题项		24	0.886	2095.904	276	0.000

从效度分析结果来看,KMO 数值均超过0.7,Bartlett's 的球形检验结果显著,说明问卷具有较好的有效性。

一、描述性统计

对问卷数据进行描述性统计,得到表4-8、表4-9所示结果。

表4-8 创业团队成员基本情况描述性统计

统计变量	选项	频数	占比/(%)
性别	男	56	53.3
	女	49	46.7

续表

统计变量	选项	频数	占比/(%)
产品类别	日用品销售	16	15.2
	技术开发	28	26.7
	智力服务	23	21.9
	实体服务	6	5.7
	金融投资、实体投资	14	13.3
	其他	18	17.1
学历	大专及以下	19	18.1
	本科	58	55.2
	硕士	25	23.8
	博士	3	2.9

表 4-9 微信沟通自变量、因变量描述性统计

变量名称	数据量	均值	极差	标准差
在线沟通	105	3.89	2.58	0.689
信息性沟通	105	4.21	4.00	0.752
娱乐性沟通	105	3.88	4.00	0.860
激励性沟通	105	3.59	4.00	0.877
沟通满意度	105	3.77	3.50	0.809

从人口统计特征来看，创业团队成员男女分布较为均匀，学历以本科为主。创业方向以技术开发和智力服务等知识密集型行业为主。在线沟通被创业团队较为广泛地采用，且具有较高的沟通满意度。

二、相关性分析和方差分析

将各变量的子维度的题项得分取均值，并将子维度的得分取均值，便分别得到该维度和该变量的得分，进行相关性分析，得到表 4-10 所示结果。

表 4-10 相关性分析结果

	性别	学历	竞争程度	微信群人数	信息性沟通	娱乐性沟通	激励性沟通	在线沟通	沟通满意度	微信红包频率
性别	1									
学历	−0.122	1								
竞争程度	0.007	−0.196**	1							
微信群人数	0.041	−0.211**	0.100	1						
信息性沟通	0.130	−0.221**	0.076	0.225**	1					
娱乐性沟通	−0.021	−0.019	0.113	0.181*	0.511***	1				
激励性沟通	0.075	−0.149	0.095	0.250***	0.456***	0.502***	1			
在线沟通	0.070	−0.152	0.098	0.266***	0.779***	0.792***	0.755***	1		
沟通满意度	0.109	−0.231**	0.113	0.240**	0.580***	0.657***	0.591***	0.623***	1	
微信红包频率	0.150	−0.025	0.072	0.107	0.019	0.127	0.137	0.115	0.280***	1

注：*** $p<0.01$，** $p<0.05$，* $p<0.1$。

相关性分析结果表明，在线沟通、信息性沟通、娱乐性沟通、激励性沟通与沟通满意度之间的相关系数均大于0.5，且显著性概率均小于0.01。这说明，在线沟通、信息性沟通、娱乐性沟通、激励性沟通与沟通满意度之间存在显著的正向相关关系。

信息性沟通、娱乐性沟通和激励性沟通三个维度之间具有显著的正向相关关系，但是小于0.5或稍微超过0.5，说明在线沟通各维度之间具有一定的联系。微信红包频率与沟通满意度也存在显著的正向相关关系。沟通满意度与微信群人数相关系数显著为正，而与学历的相关系数则显著为负。

从表4-11方差分析结果来看，学历对沟通满意度具有显著的影响，性别和行业竞争程度对沟通满意度无显著影响。

表 4-11　影响变量与沟通变量的方差分析结果

结果变量	影响变量	总方差	df	F值	Sig.	是否显著	方差齐性检验	
							Sig.	是否齐次
沟通满意度	性别			1.230	0.270	否	0.056	否
	学历	68.083	104	2.283	0.013	是	0.266	是
	行业竞争程度			0.552	0.698	否	0.649	是

三、回归分析

(一) 创业团队在线沟通与沟通满意度的关系

根据模型(4-1),选取性别、学历、创业团队微信群人数和行业竞争程度为控制变量,构建基准模型 1。根据模型(4-2),分别以创业团队在线沟通与其三个子维度为自变量,以沟通满意度为因变量,对 H1、H2、H3 和 H4 进行验证。创业团队在线沟通总体与沟通满意度的回归分析结果见表 4-12。

表 4-12　创业团队在线沟通总体与沟通满意度的回归分析结果

研究变量	因变量:沟通满意度	
	基准模型 1	模型 1
控制变量		
性别	0.079	0.050
学历	−0.170*	−0.121
微信群人数	0.197**	0.056
行业竞争程度	0.045	0.013
自变量		
在线沟通		0.585****
N	105	105
F	2.768**	13.881****
ΔR^2	0.064	0.382

注:**** $p<0.001$,*** $p<0.01$,** $p<0.05$,* $p<0.1$。

由表 4-12 可以看出,模型 1 回归结果显著;调整后的 ΔR^2 为 0.382,表示模型中可解释方差占 38.2%;自变量在线沟通系数为 0.585,显著性水平小于 0.001。从回归结果来看,创业团队成员的在线沟通对维持创业团队成员较高的满意度具有显著的积极影响。因此,H1 成立。

(二) 创业团队在线沟通各维度与沟通满意度的关系

在基准模型 1 上,分别以创业团队在线沟通的各维度为自变量,以沟通满意度为因变量,对 H2、H3、H4 进行验证。创业团队在线沟通各维度与沟通满意度的回归分析结果见表 4-13。

表 4-13　创业团队在线沟通各维度与沟通满意度的回归分析结果

研究变量	因变量:沟通满意度			
	基准模型 1	模型 2	模型 3	模型 4
控制变量				
性别	0.079	0.025	0.091	0.056
学历	−0.170*	−0.082	−0.187	−0.130
微信群人数	0.197**	0.099	0.116	0.097
行业竞争程度	0.045	0.032	−0.001	0.042
自变量				
信息性沟通		0.534****		
娱乐性沟通			0.450****	
激励性沟通				0.437****
N	105	105	105	105
F	2.768**	11.061****	8.214****	7.550****
ΔR^2	0.064	0.326	0.258	0.239

注:**** $p<0.001$,*** $p<0.01$,** $p<0.05$,* $p<0.1$。

由表 4-13 可以看出,分别以创业团队在线沟通的三个维度为自变量的模型回归结果显著;调整后的 ΔR^2 分别为 0.326、0.258 和 0.239;自变量系数分别为 0.534、0.450 和 0.437,显著性水平小于 0.001。从回归分析结果来看,信息性沟通、娱乐性沟通和激励性沟通对沟通满意度均具有显著的正向影响。因此,H2、H3 和 H4 成立,而且信息性沟通对沟通满意度的正向作用更强,这说明,信息分享和交流仍然是提高创业团队成员对沟通满意度的重要内容。

(三) 微信红包频率对在线沟通的调节作用

以沟通满意度为因变量,根据模型(4-3),在模型 1~4 中加入微信红包频率和交叉项,得到模型 5~8,对研究假设 5 进行验证,结果见表 4-14。

表 4-14 微信红包频率对创业团队在线沟通满意度的调节作用分析结果

研究变量	因变量:沟通满意度			
	模型 5	模型 6	模型 7	模型 8
控制变量				
性别	0.025	0.007	0.059	0.035
学历	−0.115	−0.083	−0.191**	−0.110
微信群人数	0.038	0.089	0.102	0.067
行业竞争程度	0.016	0.031	−0.003	0.048
自变量				
微信红包频率	−0.975**	−0.395	−1.166***	−0.802*
在线沟通	0.455**** (0.585****)			
在线沟通×微信红包频率	0.998**			
信息性沟通		0.465**** (0.534****)		
信息性沟通×微信红包频率		0.453		
娱乐性沟通			−0.258** (0.450****)	
娱乐性沟通×微信红包频率			1.215**	
激励性沟通				0.319*** (0.437****)
激励性沟通×微信红包频率				0.825*
N	105	105	105	105
F	11.242**** (13.881****)	8.231**** (11.061****)	7.878**** (8.214****)	5.854**** (7.550****)
ΔR^2	0.408 (0.382)	0.327 (0.326)	0.316 (0.258)	0.246 (0.239)

注:**** $p<0.001$,*** $p<0.01$,** $p<0.05$,* $p<0.1$,模型 5~8 中,自变量和相关统计指标数值下方括号里的数值是相应项分别在模型 1~4 中的值。

由表 4-14 所示,自变量微信红包频率和交叉项的加入使得多元回归模型的 ΔR^2 均有所增加,而且多元回归模型的 F 检验通过,因此加入微信红包频率和交叉项后多元回归模型解释力增加。由模型5~8可以看出交叉项系数均为正,而且模型5、模型7和模型8的显著性水平分别小于0.05、0.01和0.1,说明微信红包频率在创业团队在线沟通提高沟通满意度过程中具有显著的正向调节作用,收到微信红包频率越高,在线沟通、娱乐性沟通和激励性沟通对沟通满意度的正向作用越强,而且对娱乐性沟通的调节作用最为明显。H5、H5b和H5c成立,H5a不成立。

上述实证结果的可能原因在于,红包是人情和关系的载体,正如李伟民(1995)所指出的,人情原则使得人们在建立关系时更为遵循互惠互利的原则,唐炎钊(2013)也指出,关系有利于创业企业团队内部信息的高效交流,微信红包淡化了等级观念,而且强化了人际关系(申思达,2015;王欢,2016)。John(2001)提出,平等参与和尊重与满意程度之间存在正相关关系。收到微信红包的频率,代表了主动维护关系的程度,而且微信红包的电子支付形式本身就具有较强的娱乐性质,例如最小金额可以为0.01元,可以发拼手气红包或者普通红包。这种主动积极的关系维护行为和其自带的娱乐性质可能更有利于创业团队成员的沟通,特别是娱乐性沟通。创业团队成员在进行娱乐性沟通时,可能彼此人际关系较为生疏,在沟通交流时不能畅所欲言,而此时的微信红包就可以进行"暖场",并且缩小参与者彼此的等级差距意识,领取了红包也就多了彼此交流互动的机会;在言语鼓励之际,用红包加以辅助,可能会使得沟通满意度更高。收到红包的人,可能倾向于与红包发送者进行信息分享和情感交流。在红包的作用下,创业团队成员对沟通的整体感觉满意程度更高。而微信红包频率与信息性沟通的交叉项系数尽管不显著,但却是正值。这说明,创业团队成员的主动积极的关系维护行为可能也有利于创业团队成员进行信息分享,充当其"润滑剂"。例如,在请求分享信息时先发个红包,或者在得到有用信息后以红包表示谢意,都可能会促进信息共享,形成良性互动,使得参与者对沟通感觉较为满意。积极的关系维护使得创业团队成员相对更为积极主动,投入更多的资源以供交流和分享,提高各种沟通行为的效果,促进参与者产生对沟通的良好的整体感觉。因此,微信红包的使用对创业团队成员的沟通满意度具有正向调节作用。

(四)沟通满意度子维度的拓展分析

1. 沟通满意度的因子分析

由效度分析结果可以看到,数据具有较好的相关性,因此,可以进一步进行因子分析。分别对创业团队在线沟通和沟通满意度做因子分析,采用主成分分析法进行因子提取,采用方差最大正交旋转进行因子旋转,选择特征值大于1作为公共因子数量的选择标准。分别对在线沟通和沟通满意度提取了3个因子和2个因子,见表4-15、表4-16,分别共同解释了总方差的71.558%和74.639%;因子载荷表中没有出现某个题项同时在不同因子上的载荷大于 0.5。这说明,创业团队的在线沟通和创业团队的沟通满意度分别由 3 个维度和 2 个维度组成。

表 4-15 在线沟通因子分析结果

		因子载荷		
		1	2	3
信息性沟通	题项 1		0.780	
	题项 2		0.709	
	题项 3		0.780	
	题项 4		0.661	
娱乐性沟通	题项 1	0.582		
	题项 2	0.775		
	题项 3	0.894		
	题项 4	0.806		
	题项 5	0.826		
激励性沟通	题项 1			0.628
	题项 2			0.766
	题项 3			0.882
	题项 4			0.825
特征根		6.439	1.467	1.397
方差解释量 (累计方差解释率为 71.558%)		49.529%	11.281%	10.749%

表 4-16 沟通满意度因子分析结果

		因子载荷	
		1	2
媒介质量	题项 1	0.678	
	题项 2	0.733	
	题项 3	0.755	
	题项 4	0.871	
	题项 5	0.823	
	题项 6	0.784	
	题项 7	0.726	

续表

		因子载荷	
		1	2
同事沟通	题项1		0.697
	题项2		0.887
	题项3		0.866
	题项4		0.828
特征根		7.119	1.091
方差解释量 （累计方差解释率为74.639%）		64.716%	9.923%

上述分析确定了创业团队沟通满意度具有媒介质量和同事沟通两个维度。前文的回归分析已经验证了创业团队在线沟通对沟通满意度具有显著的正向影响。为进一步研究创业团队在线沟通及子维度对创业团队沟通满意度的子维度的影响，接下来根据模型(4-2)、模型(4-3)将对创业团队在线沟通与沟通满意度各维度进行回归分析。

2. 创业团队在线沟通与沟通满意度各维度的回归分析

由表4-17可以看出，模型回归结果显著；调整后的 ΔR^2 分别为0.306和0.340；自变量在线沟通系数分别为0.513和0.566，显著性水平小于0.001。从回归结果来看，创业团队在线沟通对沟通满意度中的媒介质量和同事沟通均具有显著的正向影响，创业团队的在线沟通使得创业团队成员关于在线工具媒介有效传递沟通内容和改善同事关系、促进同事沟通的满意程度提高。在基准模型2和基准模型3上，分别以创业团队在线沟通的各维度为自变量，以沟通满意度的子维度为因变量进行验证。

表4-17 创业团队在线沟通与沟通满意度各维度的回归分析结果

研究变量	因变量：媒介质量		因变量：同事沟通	
	基准模型2	模型9	基准模型3	模型10
控制变量				
性别	0.063	0.038	0.084	0.056
学历	−0.120	−0.077	−0.196	−0.148
微信群人数	0.233**	0.110	0.127	−0.009
行业竞争程度	0.069	0.040	0.014	−0.017
自变量				
在线沟通		0.513****		0.566****

续表

研究变量	因变量:媒介质量		因变量:同事沟通	
	基准模型 2	模型 9	基准模型 3	模型 10
N	105	105	105	105
F	2.740**	10.165****	2.129*	11.703****
ΔR^2	0.063	0.306	0.042	0.340

注:**** $p<0.001$,*** $p<0.01$,** $p<0.05$,* $p<0.1$。

3. 创业团队在线沟通各维度与媒介质量的回归分析

由表 4-18 可以看出,以沟通满意度的媒介质量为因变量,分别以创业团队在线沟通的三个维度为自变量的模型回归结果显著;调整后的 ΔR^2 分别为 0.263、0.212 和 0.194;自变量系数分别为 0.469、0.397 和 0.380,显著性水平小于 0.001。从回归结果来看,信息性沟通、娱乐性沟通和激励性沟通对媒介质量均具有显著的正向影响,而且信息性沟通对媒介质量的正向作用更强。

表 4-18 创业团队在线沟通各维度与媒介质量的回归分析结果

研究变量	因变量:媒介质量			
	基准模型 2	模型 11	模型 12	模型 13
控制变量				
性别	0.063	0.015	0.073	0.042
学历	−0.120	−0.043	−0.134	−0.085
微信群人数	0.233**	0.147*	0.162*	0.147
行业竞争程度	0.069	0.057	0.028	0.066
自变量				
信息性沟通		0.469****		
娱乐性沟通			0.397****	
激励性沟通				0.380****
N	105	105	105	105
F	2.740**	8.408****	6.587****	5.997****
ΔR^2	0.063	0.263	0.212	0.194

注:**** $p<0.001$,*** $p<0.01$,** $p<0.05$,* $p<0.1$。

4. 创业团队在线沟通各维度与同事沟通的回归分析

由表 4-19 可以看出,以沟通满意度的同事沟通为因变量,分别以创业团队在线沟通的三个维度为自变量的模型回归结果显著;调整后的 ΔR^2 分别为 0.288、0.220 和 0.208;自变量系数分别为 0.518、0.432 和 0.426,显著性水平小于 0.001。

从回归结果来看,信息性沟通、娱乐性沟通和激励性沟通对同事沟通均具有显著的正向影响,而且信息性沟通对同事沟通的正向作用都更强,因此信息交流和分享仍然是改善同事沟通的主要内容。

表 4-19 创业团队在线沟通各维度与同事沟通的回归分析结果

研究变量	因变量:同事沟通			
	基准模型 3	模型 14	模型 15	模型 16
控制变量				
性别	0.084	0.031	0.095	0.061
学历	−0.196	−0.110	−0.211**	−0.156*
微信群人数	0.127	0.032	0.049	0.030
行业竞争程度	0.014	0.001	−0.030	0.011
自变量				
信息性沟通		0.518****		
娱乐性沟通			0.432****	
激励性沟通				0.426****
N	105	105	105	105
F	2.129*	9.397****	6.856****	6.468****
ΔR^2	0.042	0.288	0.220	0.208

注:**** $p<0.001$,*** $p<0.01$,** $p<0.05$,* $p<0.1$。

根据上述各模型的回归结果,不论是信息性沟通、娱乐性沟通还是激励性沟通,对沟通满意度及其子维度均有正向影响,而且信息性沟通的影响系数相对更大。因此,无论信息分享交流、娱乐互动,或是情感交流激励,都能通过创业团队的在线工具媒介进行充分有效地传递,使得创业团队成员产生对该在线工具媒介的沟通辅助功能的认可;另一方面,信息分享交流、娱乐互动,或是情感交流激励也有利于团队成员之间建立良好的人际关系,同样使得创业团队成员产生对团队内同事间关系和沟通效果的肯定的感觉,从而提高沟通满意度。作为工作团队,信息交流分享仍然是沟通的主要内容,对沟通满意度有着更为重要的影响。

5. 微信红包频率对沟通满意度子维度的调节作用分析

根据模型(4-3),分别在模型 9、模型 11~13 中加入微信红包频率和交叉项,分别得到模型 17~20,结果见表 4-20。

表 4-20　微信红包频率与创业团队媒介质量的调节回归分析结果

研究变量	结果变量:媒介质量			
	模型 17	模型 18	模型 19	模型 20
控制变量				
性别	0.016	0.002	0.048	0.018
学历	−0.072	−0.044	−0.138	−0.064
微信群人数	0.095	0.140	0.154^*	0.112
行业竞争程度	0.042	0.056	0.026	0.071
自变量				
微信红包频率	-0.811^*	−0.272	-0.929^{**}	-0.875^*
在线沟通	0.405^{****} (0.513^{****})			
在线沟通×微信红包频率	0.831^*			
信息性沟通		0.420^{****} (0.469^{****})		
信息性沟通×微信红包频率		0.321		
娱乐性沟通			0.245^{**} (0.397^{****})	
娱乐性沟通×微信红包频率			0.968^{**}	
激励性沟通				0.249^{**} (0.380^{****})
激励性沟通×微信红包频率				0.909^*
N	105	105	105	105
F	7.931^{****} (10.165^{****})	6.099^{****} (8.408^{****})	5.758^{****} (6.587^{****})	4.806^{****} (5.997^{****})
ΔR^2	0.318 (0.306)	0.256 (0.263)	0.243 (0.212)	0.204 (0.194)

注:$^{****}p<0.001$,$^{***}p<0.01$,$^{**}p<0.05$,$^{*}p<0.1$。模型 17~20 中,自变量和相关统计指标数值下方括号里的数值是相应项分别在模型 9、模型 11~13 中的值。

由表 4-20 所示,多元回归模型的 ΔR^2 同样均有所增加(除了模型 18),而且多元回归模型的 F 检验通过,加入微信红包频率和交叉项后多元回归模型解释力增加。由模型 17、模型 19 和模型 20 可以看出交叉项系数为正,而且显著性水平分别小于0.1、0.05和0.1,说明微信红包频率在创业团队在线沟通正向提高媒介质量过程中具有显著的正向调节作用,收到微信红包频率越高,在线沟通、娱乐性沟通和激励性沟通对媒介质量的正向作用越强,而且对娱乐性沟通的调节作用更为显著。

同理,根据模型(4-3),分别在模型10、模型14~16中加入微信红包频率和交叉项,分别得到模型21~24,结果见表4-21。

表4-21 微信红包频率与创业团队同事沟通的调节回归分析结果

研究变量	结果变量:同事沟通			
	模型21	模型22	模型23	模型24
控制变量				
性别	0.030	0.013	0.061	0.047
学历	−0.141*	−0.111	−0.216**	−0.141
微信群人数	−0.028	0.022	0.034	0.008
行业竞争程度	−0.014	0.001	−0.032	0.016
自变量				
微信红包频率	−0.996**	−0.464	−1.231****	−0.606
在线沟通	0.434**** (0.566****)			
在线沟通×微信红包频率	1.018**			
信息性沟通		0.438**** (0.518****)		
信息性沟通×微信红包频率		0.522		
娱乐性沟通			0.230** (0.432****)	
娱乐性沟通×微信红包频率			1.283****	
激励性沟通				0.339*** (0.426****)
激励性沟通×微信红包频率				0.615
N	105	105	105	105
F	9.583*** (11.703****)	7.143**** (9.397****)	6.961**** (6.856****)	4.824**** (6.468****)

续表

研究变量	结果变量:同事沟通			
	模型21	模型22	模型23	模型24
ΔR^2	0.366 (0.340)	0.293 (0.288)	0.286 (0.220)	0.205 (0.208)

注：**** $p<0.001$，*** $p<0.01$，** $p<0.05$，* $p<0.1$。模型21~24中自变量和相关统计指标数值下方括号里的数值是相应项分别在模型10、模型14~16中的值。

由表4-21所示，多元回归模型的ΔR^2同样均有所增加，而且多元回归模型的F检验通过，因此回归模型解释力增加。由模型21和模型23可以看出交叉项系数为正，而且显著性水平分别小于0.05和0.001，说明微信红包频率在创业团队在线沟通和娱乐性沟通促进同事沟通的过程中，具有显著的正向调节作用，收到微信红包频率越高，在线沟通和娱乐性沟通对同事沟通的正向作用越强，而且对娱乐性沟通的调节作用更为显著。

综合上述分析，包括微信红包频率和交叉项的多元回归模型解释力更强，接收的微信红包频率对创业团队在线沟通和娱乐性沟通具有显著的正向调节作用，对信息性沟通和激励性沟通也有一定的正向调节作用。跟前文分析结果类似，在进行娱乐性沟通时，微信红包的"暖场"作用使得创业团队对沟通媒介传达娱乐内容的质量和对同事关系、沟通质量的满意度更高。信息性沟通和激励性沟通的调节作用尽管不明显，却稳定为正值。这也说明微信红包在信息性沟通和激励性沟通过程中，一定程度上提高了创业团队关于媒介质量和同事沟通的满意程度。因此，创业团队积极的关系维护行为在在线沟通对沟通满意度的正向影响过程中仍起着重要的促进作用。

第五节　本章小结

本研究通过实证研究，主要得出以下若干结论。

第一，创业团队在线沟通有利于提高其沟通满意度，信息性沟通仍然是提高沟通满意度的主要因素。创业团队在微信上的在线沟通行为可以分为信息性沟通、娱乐性沟通和激励性沟通，三者都对创业团队的沟通满意度具有显著的正向影响，而信息性沟通的影响相对较大。信息沟通是影响沟通满意度的主要因素。

第二，娱乐性沟通是创业团队沟通在线沟通的重要组成部分。娱乐已经成为现代社会的重要属性，在可以"连接一切"的在线沟通开放平台上，娱乐性成为在线沟通的特点之一。娱乐性沟通对创业团队沟通满意度的提高有着显著的正向影响。

第三,关系维护正向调节创业团队在线沟通对沟通满意度的正向影响。微信红包是既承载人情、关系等中国传统文化又具有娱乐性质的载体。微信红包的收发是主动维护彼此关系、促进彼此互动的重要手段。微信红包接收频率在创业团队在线沟通提高沟通满意度的过程中起到正向调节作用。尽管在某些过程中并不显著,但不影响其在整体上的积极作用。

基于以上结论,创业团队管理者可能得到以下结论。

第一,加强创业团队的信息交流和分享。在互联网时代,在线沟通已经成为创业团队重要的沟通方式。在线沟通作为一种偏向于非正式的沟通方式,在形式和内容方面更加灵活、自由和轻松,可能是创业团队这种尚且没有更多层级的组织的更加合适的沟通方式。创业团队管理者可以通过在线沟通促进信息沟通分享、娱乐互动和情感激励,提高团队成员的沟通满意度。

第二,适当促进娱乐性沟通。可能有些创业团队成员认为团队沟通只能发表工作相关内容。实证结果表明,创业团队在在线沟通过程中通过娱乐性内容的互动,有利于维护同事间关系,促进同事沟通,同时通过娱乐性沟通营造的轻松氛围也更有利于信息分享和情感激励。因此,创业团队可以在在线沟通过程中适当增加娱乐性沟通内容。

第三,发挥关系维护在创业团队在线沟通中的积极作用。尽管创业团队是一个相对追求志同道合、追求理想的群体,但是仍然需要重视经营维护团队成员间的关系,发挥传统文化的独特作用,通过微信红包等关系维护行为促进在线沟通对提高沟通满意度的积极作用,进而为提高团队绩效奠定基础。

第五章　个人社会资本、虚拟集群与"互联网+"创业

第一节　"互联网+"创业的崛起

"只要有宽带,只要您有雄心,不管您在哪里,都不会被边缘化。竞争的立足点变平等了,小虾米和大鲸鱼可以平起平坐了。"个人知识和思维的局限、资源和机会的局限、竞争的加剧,使传统环境的创业活动日益凸显"精英创业"特征,掌握特殊资源的"富二代、高学历、官二代"才有创业优势。而当创业活动连接互联网这个平台时,每个人都平等地面对浩如烟海的信息海洋、个性化和多样化的消费需求,经济基础、个人知识、制度特权不再是创业制胜的法宝。在信息经济时代的今天,即使在家开一间工作室的SOHO(居家办公)族也能和大公司抢生意。淘宝网被喻为"平民创业"的狂欢舞台,由于其低门槛就业、诚信互律、经营方式灵活,使得社会弱势群体也能有机会靠自己的努力由"平民"变成"网商"。"网商"是互联网创业的形势之一,根据广泛认同的概念,网商是指利用互联网作为企业或个人商业经营平台,进行采购、销售、企业产品展示信息发布等企业日常经营活动,并以此作为企业主要经营手段的企业家或商人。电子商务交易规模呈几何级数增长,基于互联网的创业已经成为中国企业中生机蓬勃的一个群体,本书将以"网商"为代表来研究"互联网创业者"的创业问题。

互联网促进网商之间广泛的知识共享活动。自产生经济活动以来,任何一次划时代的基础设施创新,都是国家乃至全球经济大调整、大变革的重要契机。基于不同基础设施的经济时代,又体现为生产要素、产业特点的不同。传统的基础设施深受空间与时间的约束,并且具有整体不可贸易性,而在当今的信息经济时代,以互联网为核心的基础设施突破了时间与空间上的限制,使资源、知识的共享范围与效率大幅度提升。

网商自发形成商盟、俱乐部、网络社区和松散的组织交流分享经营经验、管理心得,并越来越乐于通过博客、微博等工具分享信息和知识,网商之间的互动和协作逐步深入和多样。网商们形成的关系松散、非正式的组织(比如商盟、网商俱乐部等),有意识地在组织内部主动地交流和分享,这样有利于促进知识共享,加快

网商成长速度。创业者王婉萍说,这个基于互联网的创业群体,具有鲜明的人格特征:愿意尝试新鲜事物,具备更强的进取意识,注重商业伙伴对自身的评价,具有更强的市场导向性,更开放,愿意分享,视野更开阔,效率意识更强。

知识共享有利于网商提升能力,提高创业绩效。电子商务不仅仅是在互联网上放的几张照片、书面说明和运输那么简单。很多人都没有受过有关教育,对采购、SEO(search engine optimization,搜索引擎优化)、SEM(search engine marketing,搜索引擎营销)品牌、设计、包装、定价、分销、点击率、ARPU(carerage revenve per user,每用户平均收入)值、顾客满意度、顾客的忠诚度这些方面,通过知识和经验的分享,网商们不同程度地提高了商务能力、互联网使用能力和绩效。积极地互动交流不仅有利于知识的积累,提升能力、调整心态;更为关键的是,通过日常的互动,可以获得更多的关注,从而获得信任、客户黏性、订单,甚至包括资金的有效渠道。互联网让知识共享更加容易,而有利于参与者提升能力,促进创业成功。注重情境和市场环境的不同是创业研究的趋势。网商形式的创业活动对促进社会稳定、经济发展、扩大就业、增加消费等方面具有十分重要的意义。在我国电子商务蓬勃发展的背景下,网商作为电子商务乃至信息经济的主体发挥着前所未有的重要作用。

以往的研究也较少针对个人层面的社会资本去研究创业问题。笔者认为,相对于传统创业日益凸显的精英创业倾向,互联网创业中,虚拟集群中广泛的知识共享使平民创业更容易获得成功,所以有必要研究个人社会资本的影响性。本研究将以淘宝网商为对象,基于社会资本与知识共享理论,研究互联网创业者创业过程中个人社会资本与虚拟集群知识共享对创业绩效影响因素的作用及机理。希望通过本次研究,揭示出在信息经济时代,以互联网为基础的创业活动对个人社会资本有较低的要求,并揭示出知识共享对创业绩效的重要作用及影响机制,以及探讨虚拟集群中的网商如何更好地进行知识共享以提升创业绩效。

第二节 虚拟集群与"互联网+"创新创业

一、社会资本与创业绩效

社会资本(Social Capital)最早由法国社会学家 Bourdieu 提出。Bourdieu 将社会资本定义为通过人们"制度化关系网络"而获取的实际或潜在的资源的集合体。Coleman 认为社会资本主要存在于人际关系和社会结构之中,并为结构内部的个人行动提供便利①。

从社会资本的研究层次来说,一些学者将社会资本分为微观层次的社会资本、中观层次的社会资本和宏观层次的社会资本。微观层次的社会资本,指嵌入自我社会关系(如亲缘、学缘、地缘)中的资源(如信息、工作机会、知识、影响、社会支持,以及长期的社会合作等)、资源的可获得性,以及对这些资源的使用。

社会资本的研究层次见表5-1。

表 5-1 社会资本的研究层次

层次	观点	构成	存在	资源
微观	嵌入自我	嵌入社会结构中的资源、资源的可获得性,以及对这些资源的使用	关系(如亲缘、学缘、地缘)	信息、工作机会、知识、影响、社会支持,以及长期的社会合作等
中观	结构	因在社会结构中所处的特定位置引起的对资源的可获得性	非正式制度、组织惯例、习俗规则	降低交易成本;利于企业间和企业内部的资源交换;增进合作,减少风险,有利于地区网络的形成
宏观	嵌入结构	在组织、社会或国家中某一行动者群体对社会资本的占有情况	正式制度关系和制度结构(政府、政体、自由);非正式、地方的关系	影响一国的经济增长与发展;减轻贫困

来源:本研究整理。

Winter 将微观层次和中观层次的社会资本合称为外部社会资本,因为它产生于某一行动者的外在社会关系,其功能在于帮助行动者获得外部资源;而宏观社会资本则被他们称为内部社会资本。因为它形成于群体内部的关系,其功能在于提升群体、组织的集体行动水平。

Nahapiet 和 Ghoshal 将社会资本分成三个维度:结构维度、关系维度和认知维度。Nahapiet 和 Ghoshal 的研究对社会资本在知识管理研究的应用上产生了重要影响,后续众多学者(如 Wasko,Faraj,林苹,Hsu,Chiu 等)在研究虚拟社区知识共享时参考了他们的研究框架,从社会资本的结构维度、关系维度和认知维度研究某种存在形式的社会资本的影响因素及其作用。

社会资本的三个维度与不同研究层面的含义见表5-2。

---

① 钟涨宝,黄甲寅,万江红.社会资本理论述评[J].社会,2001(10).

表 5-2　社会资本的三个维度与不同研究层面的含义

维度	个体层面	群体层面
结构维度	描述个体之间的联系,包括联系的对象、联系的程度	通过规则、程序和先例建立起社会网络,并确定社会角色,促进分享信息、采取集体行动和制定政策制度
关系维度	个体之间经过相互交流形成的信任,信任关系将影响行为	群体相互间的信任,并内嵌入社会网络中
认知维度	个体之间交流时共同的语言、共同的愿景等	共享的规范、价值观、态度和信仰

资料来源:(Gerteria,1996)。

Mitton 在 1989 年指出,成功的创业不仅依赖于你是谁,更依赖于你认识谁。通过对创业者的网络进行研究,关注社会关系及其结构如何影响创业所需资源的分配,以揭示社会关系对企业创建成功率的影响。边燕杰通过案例访谈和对 830 家企业的问卷调查,研究结论是创业者的社会网络对创业过程至关重要。

Leung 等(2006)研究指出,由于新创企业存在新进入缺陷和规模过小的问题,因此,新企业在获取资源方面受到较严重的约束,而关系网络是新企业获取资源的重要渠道。Premaratne(2001)通过研究社会资本、资源与绩效之间的关系发现:社会资本能通过提供支持性服务(如资金、信息和其他非物质性支持)来提升创业绩效。学者们已经就网络关系作为外部因素对创业的影响达成了广泛的共识。Julien(2004)通过对比分析弱关系和强关系发现,与强关系相比,弱关系能够带来更多的游离信息,其对企业技术创新的影响也更大。而且,企业的信息吸收能力越强,弱关系对企业绩效的影响就越大。Sorenson 等(2008)研究指出,合作网络导向(与企业或者个人进行合作的倾向)通过影响创业者或者管理者的合作行为来提升创业或企业绩效,合作网络导向更能提升男性创业者的绩效。这些学者的研究拓展了社会网络对创业活动和企业的内在作用。

二、虚拟集群知识共享

(一)虚拟集群与知识共享

OECD Focus Group(1999)将产业集群定义为:相互依赖的企业(包括专门的供应商)、知识生产机构(大学、研究机构、工程公司)和中介组织(经纪人、咨询协会)彼此相连以增加产业链价值的生产网络。集群是与知识基础紧密相连的经济活动的集中形式,是纵向产业链结构,相关生产阶段构成集群的核心,是基于不同水平集聚的嵌合体,是有着共同基础技术的企业的集合,是共同的需求或需要。不同学者从不同的维度划分了企业集群的模式。李新春(2000)根据对广东企业集群不同发展形态的观察,将企业集群描绘为三种形式:历史形成的、沿全球商品链形成的、创新网络型的。金潇明和陆小成(2008)基于网络效应机理和企业组织架构演进,将企业集群分为四种模式——资源空间型集群模式、产品生产型集群模式、供应链型集群模式、虚拟企业型集群模式。

虚拟集群又称虚拟产业集群,1997年欧洲联盟的SACFA计划资助巴西圣保罗大学等7所大学组成的网络化研究课题首次提出了这一概念。在众多研究中,学者们从不同的角度探讨了"虚拟集群"的定义(见表5-3)。

表5-3 不同学者对"虚拟集群"的定义

学者	定义
欧洲联盟 SACFA 计划(1997)	快速构建与运作虚拟企业的基础平台,是具有一定专长的企业组成的集合体,主要功能是通过提供和调节成员企业的核心能力,参与虚拟企业运作,从而使成员分享市场机遇的企业群体
Virtual Enterprise Generic Applications 项目(1999年)	基于商业网络支持的具有相互依赖性质的特定企业(公司)的聚集,并快速灵活地形成虚拟企业的潜在成员集群
陈剑锋(2002)	以组织接近替代地理相近,利用信息通信技术的进步,把产业集群置于全球化的虚拟学习环境中,扩展了产业集群活动的空间
吕坚(2003)	虚拟(企业)集群能集合企业集群和虚拟企业两者优势,利用先进的信息技术支撑系统,使企业集群通过虚拟场景展现各类产品、服务,使供、产、销业务"虚拟化"从而使企业间联系高速和便捷
刘慧茹(2004)	以计算机网络为支撑在地域上分散的,以某共同目标或全球产业链相连接相互之间密切联系的动态企业群体
金潇明、陆小成(2008)	运用信息网络技术手段将人员、资产、信息、创意动态地及时联结,以最短的产品周期向市场推出所需的新产品或服务,跨越时空构建企业动态联盟,通过互联网找寻全球合作伙伴,形成专业领域中的核心竞争力

来源:本研究整理。

不同学者对"虚拟集群"的理解和定义,基本上都凸显了"产业集群"和"网络平台"两个方面的特征。因此,本研究对虚拟集群的定义如下:利用互联网平台使企业集群通过虚拟场景展现,从而实现集群成员间高速、便捷地互动交流。

(二) 集群中的知识共享

国内外学者由于知识背景和研究角度的不同,对"知识共享"的理解有多种。Nonka 和 Takeuchi(1995)从知识转化的角度指出知识共享是个人与组织之间、默会知识与明晰知识之间互动的过程,高度依赖于个体的主动性及团队内的交互作用,共享的模式分为外化、内化、组合化和社会化等。杨溢(2003)认为知识共享泛指知识所有者与他人分享自己的知识,是知识从个体拥有向群体拥有的转变过程。魏江和王艳(2004)认为从知识存放地点的转变这个角度来看,知识共享是一个个人知识和组织知识不断相互转化的过程;从共享内容的转变这个角度来看,知识共享是隐性知识不断转变为显性知识的过程。李长玲(2005)认为知识共享是指个体知识、组织知识通过各种交流手段为组织中其他成员所共享,同时,通过知识创新,实现组织的知识增值。

Stuart T. E., Hoang H. 和 Hybels R. C. (1999,2004)从学习和创新的角度分析认为,集群使成员增加了学习和创新的机会,随着学习和创新能力的积累,企业间的战略合作关系会得到深化,深化的战略合作关系最终会诱导成员企业的学习意愿,并促进其学习能力的积累,使得集群整体价值得到提升。张元智、马鸣萧(2005)从产业集群的角度论述了企业间的网络是如何促进企业间知识共享的。

进一步来说,集群的知识资源需要成员企业持续性的知识创造和贡献。在实践过程中,集群成员出于自身的利益考虑,一方面,会倾向于保护自己的私人利益及拥有或创造专用知识;另一方面,又希望与其他成员分享既得利益和专用知识,都可能抑制网络内的知识转移、扩散和共享,使得公共性质的网络知识资源荒漠化和形式化,最终使集群演化为 Harddin(1968)所说的"公地悲剧",陷入无效和资源枯竭的状态。

集群的"公地悲剧"问题可以通过企业之间良性的、动态的知识互动、共享与学习来避免。互联网的知识共享平台是解决企业网络中知识资源"公地悲剧"现象和提升集群价值的关键。有效的虚拟集群可以通过构建知识共享平台,实现以下几点:①激励成员企业知识学习的能力的积累,弱化机会主义行为动机,促进网络成员之间知识的转移、共享、应用和创新;②协调和整合成员企业的专用知识,促进网络知识的学习和能力的积累,扩大网络知识资源的存量和增量;③激励创造性的知识应用和整合,推动网络知识的创新。

(三) 知识共享与创业绩效

集群在形成和运行过程中,制造并存储了大量的机遇、知识和技能。这些知识资源对所有成员企业来说,都是有价值的资源,集群成员可以发现、吸收和整合集群中的存量知识。再者,集群具有很强的知识融合性和互补性,适当地整合还会产生大量的增量和创新知识。这些增量和创新知识会对成员企业产生收益倍增的功能(Stuart T. E. , Hoang H. 和 Hybels R. C. ,1999,2004)。如果实现这个目标,此集群的知识资源会越来越丰富,集群的价值也会大大提升,同时也会有越来越多的独立企业加集群。

Soh(2003)研究发现,企业间联盟能够促进信息在联盟企业之间的共享;联盟企业之间的关系越密切,新产品开发等方面的绩效就提升得越快。金潇明、陆小成(2008)虚拟集群的优势体现在信息交易成本的降低,增加企业之间的信息容量和知识存量,使企业能够寻找和获取更大的利润空间,减少信息非对称性所带来的重复投资与盲目生产等弊端,实现知识资源的优化配置与企业集群的规模经济优势。

第三节 个人社会资本、虚拟集群与"互联网＋" 创业实证设计

本书要研究的是个人社会资本、虚拟集群知识共享对互联网创业者创业绩效的影响,那么首先明确研究层次是创业者个人的创业绩效。下文中所提到的个人社会资本、虚拟集群知识共享即使没有明确说明,都是针对互联网创业者个人而言的。

通过阅读相关文献,个人社会资本和虚拟集群知识共享都会影响创业绩效的影响因素,这些因素体现在:帮助识别创业信息、获取创业资源、带来创业机会、对创业者动机影响等。笔者建立了个人社会资本、虚拟集群知识共享对互联网创业者创业绩效初始模型(见图 5-1)。

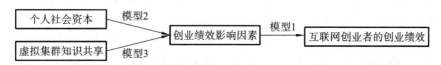

图 5-1 个人社会资本、虚拟集群知识共享对互联网创业者创业绩效初始模型

基于文献研究,这个框架模型由模型 1、模型 2 和模型 3 组成,分别研究在互联网情境下,创业绩效影响因素对互联网创业者创业绩效的影响、个人社会资本对创业绩效影响因素的影响,以及虚拟集群知识共享是否会帮助创业者识别机会、增加动机和获得资源。随后笔者将进行每个构念的变量的选取和限定。

一、互联网创业者创业绩效

从目前国内外相关研究成果来看,对创业绩效的度量主要有两个角度:获利性和成长性的角度、生存和增长的角度。虽然学者们提出的测量指标有所不同,但实际上可以发现大多学者主要从创业获利性和成长指标来反映。互联网创业,由于其建设成本接近于零成本,所以相对不存在生存型考虑,所以在本书背景下个人电子商务创业绩效考虑使用获利性和成长性指标。

(一) 获 利 性

Murphy 和 Trailer 总结了以往 71 篇创业研究的文献,发现出现频率最高的创业绩效指标有销售变化率、销售收益、销售水平、净利润收益、投资收益、资产收益和股权收益等财务指标。Robinson(1998)在其研究中,运用了八个客观指标测量了新创业的绩效,指标包括销售收入变化、销售率水平、净利润、税前利息前收入、销售回报率、资产回报率、投资收益率以及股权收益率等。

(二) 成 长 性

许多研究者认为成长性是一个最重要的衡量方面。Chandler 和 Hanks 在研究中指出,80%的创业者以新创企业的成长为主要目标。Hoy, Madougan 和 Souza 认为衡量成长性的最恰当的指标是销售增长。它不仅反映了公司短期和长期的变化,同时容易获取。另一方面,对新增就业岗位的创造也是一个重要的衡量成长性指标。Gerrit 在衡量初始资本约束对绩效的影响时,使用了利润的增长、持续时间和雇员人数的增长三个指标来衡量绩效的优劣。Burke 在评价遗产对进行创业和创业绩效的影响时,对绩效的衡量也使用了雇员人数增长这个指标。

从文献中可以看出对创业绩效有四种视角的研究:资源论、认知论、群体生态论、战略适应论。本书将借鉴资源论和认知论两个微观的研究视角。创业绩效的影响因素中,以往的理论和实证研究都验证了 Chrisman 五因素模型的有效性。Chrisman 认为创业绩效是创业者(E),产业结构(IS),公司战略(BS),创业资源(R),组织结构(OS)等的函数,即 $NVP = f(E, IS, BS, R, OS)$。本次研究基于创业者个人,将基于创业者、创业资源两个方面的选取变量,而产业结构、战略、组织结构都不作为研究对象。

再结合 Blumberg 和 Pringle 对个体创业绩效的研究,以及 Chandler 对个人能力对绩效因素的调节作用的证明,本书认为影响互联网创业者创业绩效的因素包括创业动机、创业机会识别、创业资源的可获得性。其中,前两者是创业绩效认知视角的创业者方面,资源的可获得性是创业绩效资源视角的创业资源方面。

（三）创业动机

创业是具有一定素质的创业者个体，经过内在外在的刺激而采取的决策行为。熊彼特认为建设私人王国、对胜利的热情、创造的喜悦是主要的创业动机。互联网创业者创业动机是在内外环境刺激下积极地寻找创业机会，有强烈的成就需求，并愿意为此主动承担风险。

（四）创业机会识别

以奥地利学派为代表的 Shumpeter 提出企业家利用机会对均衡市场环境进行创造性破坏，通过打破均衡产生新机会；奥地利学派代表 Kirzner 指出具有警觉素质的企业家发现非均衡市场环境中被疏忽的创业机会；行为学派认为企业家依赖其不同的经验推断方法在复杂的市场环境中发现创业机会，创业机会内生于企业家个人心理结构，强调企业家自身特性是创业机会识别的关键。Hills 和 Singh 讨论机会识别过程，包括机会搜寻、机会识别和机会评价，同时他们提出了创意的确认早于机会识别，认为社会网络资源有利于创业者识别更多的机会。

（五）创业资源的可获得性

技术、资金、信息是创业和发展所需的三种直接初始资源。Pfeffer 和 Salancik 在研究资源依附理论时认为，对组织的资源需求分析主要分为两个过程，第一个过程是确定组织的资源需求类别，第二个过程是寻求这种资源的获得途径。创业资源的可获得性，创业者从外部环境中获得所需资源的便利程度，具体来讲，可以从创业者获取技术、资金、信息资源的充裕程度和资源获取渠道的畅通程度两个方面来反映。

二、个人社会资本与"互联网＋"创业

笔者认为个人社会资本符合微观层次的社会资本研究，指嵌入自我社会关系（如亲缘、学缘、地缘等）中的资源（如信息、工作机会、知识、影响、社会支持，以及长期的社会合作等）、资源的可获得性，以及对这些资源的使用。

通过文献回顾，在管理领域的社会资本研究中，Nahapiet 和 Ghoshal 在《社会资本、智力资本与组织优势》中所提出的社会资本的结构、关系与认知三个维度，为本书提供了一个清晰的理论框架。结合本书，下面对这三个维度进行界定。

（一）结构资本

结构维度用来衡量描述个体之间的互动关系，包括联系的对象、联系的程度。

结构维度的社会资本,一般从网络规模、互动强度和网络密度三个方面去衡量。对于个人社会资本来说,网络规模是指私人关系的数量;互动强度可以表现为在一段时间内和相关对象通过非正式活动进行互动频率;网络密度表示为在某个时间水平上和不同关系人的普遍接触程度。Kung,Morris 和 Snell 认为网络密度相当于"关系强度"。

(二) 关系资本

关系维度指个体之间经过相互交流形成的特定关系,比如信任、友谊、尊重,这样的关系将影响行为。信任不仅被认为是这个维度的核心要素,更是社会资本的本质。关系性社会资本主要反映了关系网络中的创业者向他人转移资源或进行合作的意愿。具体到个人社会资本,笔者认为信任指对私人对象(如亲缘、学缘、地缘等)能力、仁慈、正直与可靠四个方面的信任程度。

(三) 认知资本

认知维度个体之间交流时认知相关的资源,这些资源形成共同的语言、共同的愿景等。对于私人社会资本来说,Tsai 和 Ghoshal 使用共同愿景来指代社会资本认知维度,共同愿景是指大家对目标以及使命的认同。Aquino 和 Serva 提出的共同知识来衡量了个体间在专业知识方面的相知性。根据相关文献可知,共同愿景和共同知识具有独立性,即共同愿景高的两个人,共同知识不一定高,反之亦然。

具体到本次研究中的互联网创业者的个人社会资本,共同愿景就是私人社会关系对创业者创业的目标的认同,而共同知识就是创业者与相关对象的知识结构的相似性,也就是常说的"有共同语言"。

综上所述,本研究在 Nahapiet 和 Ghoshal 的社会资本三个维度的框架下,结合前人的研究成果和本次研究情景,从网络规模、互动强度、网络密度三个子维度测量结构资本,由信任程度研究关系资本,由共同的创业价值观和共同语言两个子维度测量认知资本。

需要说明的是,以往很多研究都证明了社会资本各构面之间存在中低度相关,但并未影响到社会资本的结构效度。

个人社会资本测量因素模型如图 5-2 所示。

三、虚拟集群知识共享过程与"互联网+"创业

(一) 虚拟集群知识共享过程

从文献中可以看出,学者们对"知识共享"的理解有一个共同点,即认为知识

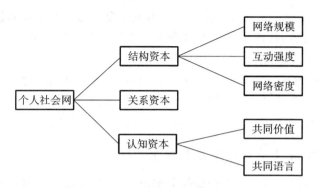

图 5-2　个人社会资本测量因素模型

共享是一个过程。为了研究基于互联网的虚拟集群知识共享的过程和对创业绩效的影响,以及粗略验证个人社会资本的影响,本节选择淘宝网创业者经常使用的互动交流平台——淘宝论坛(bbs.taobao.com)作为案例,通过观察、访谈、二手材料等途径获得信息和数据,进行探索性研究知识共享过程。

1. 经验分享

淘宝论坛成员通过文字、图片、表格等形式,将自己经营网店的经历、心得体会、对市场和行业的分析和看法等形成文章,发表到淘宝论坛上与其他成员分享。比如《从实体店到网店,二月升一钻》《巧用免费方法,流量飙升不再是浮云》等。帖子发出后,会依照时间逆序排列在所在二级分类首页,其他成员在浏览时会看到。每当文章收到回复,帖子都会排到文章列表的首位。如果帖子没有人回复,则将随着时间推移,从帮派首页消失,退到文章列表的第二页、第三页……获得阅读的机会将明显减少。版主可以通过置顶、评精华帖等操作重点推荐有价值的文章。因此,越有价值的帖子,获得曝光的机会越多,就会受到更多的关注。成员也可以搜索某些主题的帖子,如果帖子标题有关键词与检索词相匹配,帖子将进入检索结果。同时,访谈了解到,有经验的论坛成员在发布帖子后,通常会通过即时通信(如旺旺、QQ)、电子邮件等向自己的网友群发帖子链接。

2. 知识学习

帮派成员在阅读帖子后,对其中有启发、有帮助的内容,会选择学习和吸收,将其内化为自己的知识。有的成员会回复评价、感谢或表扬,有的还会通过助威功能为作者加分。其中,对知识共享方式,笔者归纳案例研究和网商访谈获得的信息,认为虚拟集群中,网商之间可以进行三种模式的互动交流。

(1) 主动分享模式。即某位网商主动分享自己的经验,其他网商阅读后发表自己的观点,网商之间的互动交流由此展开。学习经验的网商首先是有知识内化行为,如果在互动过程中他分享自己的经验,则他又进行着知识外化。

(2) 主题交流模式。即某位网商或虚拟社区的编辑首先发布一个交流主题,然后,网商们围绕这个主题进行交流。参与主题交流的网商兼具知识提供者和知识接受者双重角色,在围绕主题发表个人观点的过程中主要是提供知识,而在阅读其他网商的发言后,存在消化、吸收知识的过程。

(3) 问答交流模式。即首先由某位网商提问,然后其他网商发言回答问题。回答提问的网商扮演的是知识提供者的角色,提问的网商从其他网商的回复中获得对自己有启发、有帮助的知识,扮演着知识接受者的角色。

(二) 虚拟集群知识共享过程模型

通过理论回顾和通过淘宝论坛的案例研究,借鉴盛振中(2011)对虚拟社区知识共享过程的研究,笔者将以知识共享为中心,从主体、行为、方式三个方面来理解虚拟集群知识共享过程。知识共享主体包括经验分享者、知识学习者和第三方知识协调者;知识共享行为可以分为两类——知识外化行为和知识内化行为,分别对应知识共享的过程中的经验分享和经验学习;知识共享方式包括主动分享、主题交流、问答交流等。因此,虚拟集群知识共享过程就是成员之间、组织与成员之间,不断以各种知识共享方式进行知识内化行为和知识外化行为,进行知识的传播和扩散。虚拟集群知识共享过程模型如图 5-3 所示。

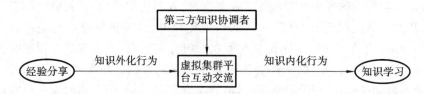

图 5-3　虚拟集群知识共享过程模型

其中,对知识共享的两种行为说明如下。①知识外化行为:虚拟集群中,经验分享者将个人的知识通过文字、图片、视频等方式表达出来,与其他网商共享。②知识内化行为:虚拟集群中,知识学习者选择、获取和学习知识,并转化为个人知识的一部分。网商在知识内化后,有的可能会通过回复、投票、转发等方式反馈信息,还有的可能向虚拟社区贡献自己的相关知识,也就是知识外化。网商们在虚拟集群里互动交流,推动知识外化、知识内化两个过程循环反复、交错进行,从而实现知识共享。

四、研究设计与研究假设

以上通过理论研究对创业绩效的影响因素、个人社会网络的相关变量进行了选取和定义;然后通过对淘宝论坛进行探索性案例研究,介绍了这一虚拟集群网络平台的基本功能、内容分类、激励机制等,并且通过实例对淘宝网上共享知识的过程进行分析,最后通过观察,归纳和提炼了虚拟集群知识共享的过程。

通过对社会资本知识共享和创业绩效的文献回顾,以及知识共享过程的案例研究,本书将从个人社会资本和虚拟集群知识共享两个方面研究其对互联网创业者的创业绩效的影响因素。

具体而言,根据创业绩效的研究,互联网创业者创业绩效定义创业动机、创业机会识别和创业资源的可获得性三个因素。根据社会资本理论,个人社会资本划分为结构资本、关系资本、认知资本三个维度。同时,创业者虚拟集群知识共享过程分为知识外化行为和知识内化行为。通过观察这八个变量之间的关系,研究网商的个人社会网络和虚拟集群知识共享对创业绩效的影响因素。同时,计划以网商的注册年限和访问频率作为调节变量。根据以往的研究成果和案例研究,本书建构的研究模型如图 5-4 所示。

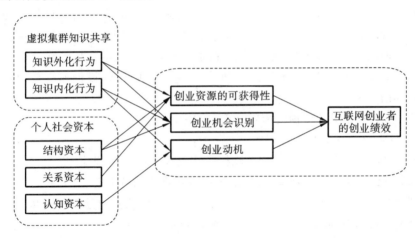

图 5-4　整合研究模型

根据研究模型,本书将从以下问题出发提出研究假设:

问题一:创业绩效影响因素是如何影响创业绩效的?

问题二:互联网创业者的个人社会资本与创业绩效影响因素之间的关系如何? 如何受其影响?

问题三:互联网创业者的虚拟集群知识共享行为与创业绩效影响因素之间的关系如何? 如何受其影响?

问题四:互联网创业者的个人社会资本和虚拟集群知识共享行为两者相比,哪个对创业绩效的影响作用更大?

问题五:互联网创业者之前的互联网创业经验和访问虚拟集群平台的频率是否会影响创业绩效?

(一) 创业绩效影响因素与创业绩效

1. 创业资源的可获得性与创业绩效

资源基础理论被广泛地用来解释创业绩效,强调了企业内部资源的重要性,以及如何从外部环境中获取必要的资源从而提升创业绩效。一些学者研究了资源的获取与创业绩效之间的关系,主要表现在所获取资源的数量和渠道与创业绩效之间的关系。根据经验和前人研究成果,假设创业资源的可获得性直接正向影响创业绩效。

H1:创业资源的可获得性对创业绩效有正向的影响作用。

2. 创业机会识别与创业绩效

Hansen 从组织战略调整市场环境的角度认为机会与潜在的危险实际上是两种相对应的市场环境,机会意味着是一种正的组织环境,决策者可以拥有较好的控制权,从而影响绩效。他提出了一个包括市场机会和潜在危险、战略选择及组织绩效的理论框架。他认为创业者面临的机会识别以及潜在危险将会对新创企业的绩效造成影响。因此,根据经验和前人的研究成果,假设创业机会识别直接正向影响创业绩效。

H2:创业机会识别对创业绩效有正向的影响作用。

3. 创业动机与创业绩效

Robichaud 和 Roger 认为创业动机影响创业者的目标设定,以及对创业愿景的憧憬。Bitler 和 Moskowitz 认为创业者的创业动机越强,其会有高的努力程度(工作时间,购买生产性资产、雇用胜任的员工等),导致企业绩效相应增大;Baum 认为创业者通过目标设定和自我效能感,能够将过去积累的经验和知识用于实现企业绩效。根据经验和前人的研究成果,假设创业动机直接正向影响创业绩效。

H3:创业动机对创业绩效有正向的影响作用。

本次研究模型包括三个影响因素:创业资源的可获得性、创业机会识别、创业动机,三者都将正向影响互联网创业者的创业绩效。从以往的研究中我们认为,三个影响因素之间不存在显著关联性,可以认为是独立的变量,因此该模型是简单的单层次的因果关系(如果该模型不是单层次,则需要研究三个影响因素之间的相互关系)。因此建立创业影响因素的概念模型(模型1)如图5-5所示。

(二) 个人社会资本与创业绩效

1. 结构资本与创业资源的可获得性

结构资本可以认为是社会网络。Kreiser 发展了社会资本的观点,提出网络的联系提供了资源和信息的潜在性或者可获得性。

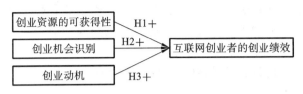

图 5-5　创业影响因素的概念模型(模型 1)

在网络规模方面,Powers 和 Mc Dougall 通过纵向的案例研究提出,创业行动网络的成员规模与组织成长(以组织成立 1 年后的在职发薪的职工数量的变化为被测量)呈显著正相关关系。在网络成员的异质性方面,Renzulli 和 Aldrich 的研究证明,核心网络成员的职业异质性对创业者从网络中取得资源的影响很大,职业异质性水平越高,越有助于创业者从网络中取得资源。因此,该正向关系假设成立,根据经验和前人的研究成果,假设结构资本直接正向影响个人电子商务资源的可获得性。

H4:结构资本对创业资源的可获得性有正向的影响。

H4a:结构资本的网络规模对创业资源的可获得性有正向的影响。

H4b:结构资本的网络密度对创业资源的可获得性有正向的影响。

H4c:结构资本的互动强度对创业资源的可获得性有正向的影响。

2. 结构资本与创业机会识别

Simon 认为社会网络可以扩大知识的边界,而这种知识可能直接形成机会。Robert 提出社会网络对机会识别过程有一定的影响,网络大小和弱链条的数量与确定创业思路和识别机会的数量成正相关关系。Burt 提出结构洞理论,认为具有很多结构洞的社会网络可以使创业者获得许多有价值的信息,而不是单纯的重复信息,有利于提高创业者发现机会的效率和可能性。

Hill 指出创业者的网络对机会识别相当重要,而且通过实证检验,他发现拥有大量社会网络的创业者与单独行动的创业者在机会识别上有显著的差异。因此,根据经验和前人研究成果,结构资本直接正向影响创业者机会识别。

H5:结构资本对创业机会识别有正向的影响。

H5a:结构资本的网络规模对创业机会识别有正向的影响。

H5b:结构资本的网络密度对创业机会识别有正向的影响。

H5c:结构资本的互动强度对创业机会识别有正向的影响。

3. 关系资本与创业资源的可获得性

创业初始资源通常是通过创业者的个人社会关系获得的,而关系的体现就是信任这一社会资本核心概念。较高的信任使得创业者减少了协商成本、时间等,使其更易获得创业资源。Stan 和 Macmillan 把创业者分为两类,首先是可以通过社会关系,用最小的代价获取资源的创业者;其次是不利用社会关系,只通过支付费用来获取资源的创业者。第一类创业者与第二类创业者相比,可以通过社会网络获得更多的资源等,并且花费较少。因此,根据经验和前人的研究成果,假设关系资本直接正向影响创业者资源的可获得性。

H6：关系资本对创业资源的可获得性有正向的影响。

4. 认知资本与创业动机

许多人都有追求新的冒险的愿望,但他们没有从事创业活动,社会认知理论认为,这不是因为他们没有要求的能力、知识和技能,而是因为他们不相信自己能做。除了个人特性外,价值观念的潜移默化使一部分有能力的人在适宜的环境产生的机会下,产生从事创业活动的动机,并且随着创业者创业知识的积累,也会增加企业家的自信,从而激发其产生从事创业活动的动机。因此,根据经验和前人的研究成果,假设创业型伙伴的认知资本直接正向影响创业者的创业动机。

H7：认知资本对创业动机有正向的影响。

H7a：社会资本的共同价值观程度对创业动机有正向的影响。

H7b：社会资本的共同语言程度对创业动机有正向的影响。

5. 其他关系

基于相关学者的研究和概念定义,结构资本和创业动机之间、关系资本和创业动机之间、关系资本和创业机会识别之间、认知资本和创业动机之间、认知资本和创业资源的可获得性之间不具有相关性。

以往很多研究证明了社会资本三个维度之间存在中低度相关,同时相关研究认为这种相关性并未影响到社会资本的结构效度。CFA结果表明,三个维度的模型与实际观察数据有最佳的拟合效果,如果将社会资本合成一个构念或分解成三个构念或合成一个二阶构念,都不如其理想。

个人社会资本对创业影响因素的作用(模型2)如图5-6所示。

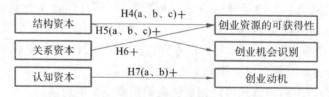

图5-6 个人社会资本对创业影响因素的作用(模型2)

(三) 虚拟集群知识共享与创业绩效

互联网创业者的虚拟集群知识共享行为可以分为两类：知识外化行为和知识内化行为,分别对应知识共享的过程中的经验分享和知识学习。不论是对集群知识共享理论的研究,还是对淘宝论坛知识共享案例的分析,都认为虚拟集群的知识共享过程将不同成员的隐性知识整合、外化,同时其他成员将显性的文字知识内化、积累,而这个过程对所有参与者都实现了共赢的结果,知识外化行为和知识内化行为都对创业绩效有正的影响作用,将提升双方的创业绩效。

1. 知识外化行为与创业资源可获得性

对分享经验的发帖人而言,浏览淘宝论坛的不仅有网商还有顾客,而且其他网商自身也可能是客户,楼主的帖子如果受到大量关注,就可能直接带来网店的交易量,获得潜在的交易机会;从访谈、观察的情况来看,淘宝论坛成员分享经验最重要的动机是推广自己的网店,获得直接或间接的商业机会。知识外化行为可以帮助知识外化者获得信任和潜在的商业机会,也就是说提升了创业资源的可获得性。

H8:知识外化行为对创业资源可获得性有正向的影响。

2. 知识外化行为与创业机会识别

通过知识外化总结和整合自己成功或失败的经验,可以复制或修改以前的想法或创意。有调查发现,70%左右的创业机会来自先前的创业机会,而不是全新的创业机会。在特定产业中的先前经验有助于创业者识别机会。

H9:知识外化行为对创业机会识别有正向的影响。

3. 知识内化行为与创业机会识别

知识内化是一种学习行为,很多研究已经证明创业学习与创业机会识别之间有正向的关系。创业学习不但要依靠直接经验,而且还要对他人的行动和结果进行观察来积累知识(即模仿学习)。创业者常常在高度不确定、目标模糊的情境下创建新的市场,开拓新的商业领域,而模仿学习为创业者涉足自己不熟悉的领域提供参考标准。创业者的创业初期或者遇到了困难,可以从他人经验中获得经验和启发,积累创业知识、改造思维模式。拥有在某个领域更多知识的人,会对机会更具警觉性与敏感性。另一方面,从很多经验分享的帖子也可以看出,不管是有过创业经历的人,还是白领、大学生、农民,经营网店的初期,在淘宝论坛上学习他人的经验都是必要的。

H10:知识内化行为对创业机会识别有正向的影响。

4. 知识内化行为与创业动机

创业是经过内在外在的刺激而采取的决策行为,外在环境的刺激可以激励创业者积极地寻找创业机会,有强烈的成就需求,并愿意为此主动承担风险。吸收他人成功的创业经验会产生激励的作用,坚定创业者的信念和信心,激发创业者对胜利的热情和创造的喜悦。

H11:知识内化行为对创业动机有正向的影响。

5. 其他关系

基于案例分析和相关理论,知识外化行为和创业动机之间,知识内化行为和创业资源的可获得性之间不具有相关性或相关性相当小。知识外化行为是一种知识输出的过程,虽然可以得到关注和情感支持,但笔者认为,这些关注和情感支持不足以激发强烈的成就需要,而学习他人经验更可能激发胜利的热情。知识内化行为本身是一种知识资源的吸收,并不能带来创业资源的数量和渠道便利性的增加。

虚拟集群知识共享行为对创业影响因素的作用(模型 3)如图 5-7 所示。

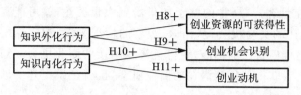

图 5-7　虚拟集群知识共享行为对创业影响因素的作用(模型 3)

(四) 调节变量与创业绩效的关系

互联网创业者是知识共享的主体,之前的创业经验不同、对虚拟集群平台的访问频率的不同,可能造成不同的知识外化行为和知识内化行为的倾向。之前的创业经验和访问频率是否会影响他们的知识共享行为和创业绩效?对这个问题进行深入分析,将有助于全面理解对各影响因素作用机制的研究。

研究假设的整体模型如图 5-8 所示。

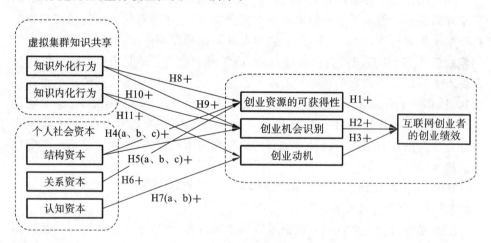

图 5-8　研究假设的整体模型

五、变量度量与问卷

本书中需要度量的变量有九个,分别属于个人社会资本、虚拟集群知识共享、绩效影响因素和互联网创业者创业绩效。本研究参考了杨艳(2005)、Nahapiet J

等人(1998)、Robichaud 等人(2001)等研究开发使用的量表,并结合研究问题的实际做一些修改。

变量、指标与量表设计见表 5-4。

表 5-4 变量、指标与量表设计

变量	指标	具体问题	参考
创业绩效	获利性	销售利润率很好;产品销售额很高	Gupta 等人(1984) Murphy Trailer 等人(1996)
	成长性	产品或服务的增加很快;访问次数增长很快;雇用的人数增长	
创业资源的可获得性	资金、产品、人力	能够获得所需数量的技术、资金和产品	Pfeffer 等人(1978) Chandler 等人(1998)
	信息、知识	能够获得所需数量的信息和知识	
创业机会识别	机会知觉能力	我对创业机会有警觉性和敏感性	Hills 等人(2002)
	机会识别发展能力	要识别出一个好的商业机会,需要在某个行业或市场中进行深入调研	
	机会识别成功率	在日复一日的例行活动中,我总是能够看到在我身边存在创业机会	
创业动机	愿景	我相信我的企业一定能发展壮大	Kuratko 等人(1997) Robichaud 等人(2001)
	自我效能	有强烈的成就需求,并愿意为此而主动承担风险	
	权力需要	喜欢在一个团体中拥有更大的权力	
	独立性	更喜欢自己单独解决问题	
结构型社会资本	网络规模	常联系的亲戚朋友的数量;联系所花费的时间	Nahapiet J 等人(1998)
	网络密度	与联系人的关系的密切程度	
	互动强度	联系的频繁程度;与亲戚朋友合作开店	
关系型社会资本	相信能力	双方相互信赖彼此的工作能力	Nahapiet J 等人(1998)
	互守诺言	联系双方能相互信守诺言	
认知型社会资本	共同愿景	亲戚、朋友、熟人都认为我的产品和服务很有价值	Nahapiet J 等人(1998)
	共同语言	亲戚、朋友、熟人促进我的知识学习	

续表

变量	指标	具体问题	参考
知识外化行为	主动分享	我愿意与其他网商分享我的信息、心得、经验等	杨艳(2005)
	问答交流	我愿意回答其他网商提出的问题,为其提供信息	
	主动帮助	当论坛有网商求助之时,我会为其提供能力范围之内的帮助	
	分享动机	宣传推广;获得订单;获得信任;结交朋友;获得认可和表扬;获得其他有价值的信息	
知识内化行为	求助	当我遇到问题时我会通过平台向其他网商求助	杨艳(2005)
	创业教育学习	淘宝大学所提供的知识能够帮助我执行新的任务	
	同伴学习	和网友在网盟等虚拟组织互动所得的知识,对我很有启发意义	

本书参考相关学者的研究成果和调查问卷,并结合案例研究和访谈,对已有的研究的量表进行修改,形成本研究的调查问卷(详见附录B)。问卷主要包括五个部分,共40个问题。

第一部分侧重了解互联网创业者与其他网商的交流方式、在淘宝平台上经常使用的论坛平台、参与平台交流的主要方式和每周访问这些平台的频率。

第二部分侧重了解互联网创业者在虚拟集群的知识共享行为情况,包括知识内化行为和知识外化行为两个方面。

第三部分侧重了解互联网创业者个人社会关系情况,包括结构维度、关系维度、认知维度的社会资本。

第四部分侧重了解互联网创业者创业绩效的获利性和增长性,以及创业资源的可获得性、创业机会识别能力、创业动机。

第五部分侧重了解互联网创业者个人基本信息,包括性别、年龄、学历、使用网络的时间和所在企业人员规模。

问卷采用开放式问卷形式,将研究中所涉及的所有变量采用Likert五标度打分法。

第四节 个人社会资本、虚拟集群与"互联网+"创业实证结果

一、问卷发放与回收

本次研究针对淘宝上互联网创业者进行实证研究,为了保证样本的有效性,被调查的创业者的网店应为正在经营中的。本研究中涉及的多个变量都是基于用户的主观感知,以及创业资源、创业机会识别和创业绩效等,如果被调查的创业者没有积极地正在创业,这部分的数据将会是不准确的,该样本就丧失了代表性。此外,由网店的店主(创业者)来完成问卷也是很重要的,这虽然增加了问卷回收的难度,但提高了准确性。

为了提高问卷的易读性,笔者使用问卷网站来发放在线问卷。笔者通过淘宝即时通信工具(阿里旺旺)与不同的创业者联系,通过沟通增加他们对问卷调查的理解。经过了很长时间的努力,共回收了218份有效问卷。笔者没有针对某一特定领域的互联网创业者,而是针对服装服饰、保健、食品、生活用品、电子产品、文化娱乐等各个领域进行了广泛问卷的发放,因此收集的问卷具有代表性。

二、样本分析

(一)样本构成

如表5-5所示,可以看出淘宝上互联网创业者的人口学特点。在性别上,女性多于男性,两者比例为52.3:47.7,这说明,互联网创业具有公平性,妇女有更多的创业就业机会。此外,创业者比较年轻,20~29岁的创业者占了76.6%。这说明年轻人更容易接受和运用互联网进行创业。受教育程度在大学本科以下的占52.8%,在大学本科及以上的占47.2%,在大专及以上的占71.5%。这些比例和全国高考升学率相近,受教育程度处于一般的水平。

表5-5 样本的基本特征

	指标	人数/人	占比/(%)
性别	女	114	52.3
	男	104	47.7

续表

指标		人数/人	占比/(%)
年龄	小于 20 岁	22	10.1
	20~24 岁	90	41.3
	25~29 岁	77	35.3
	30~34 岁	22	10.1
	35~39 岁	7	3.2
学历	初中及以下	6	2.8
	高中/中专	56	25.7
	大专	53	24.3
	本科	91	41.7
	硕士及以上	12	5.5

（二）互联网行为特征

从表 5-6 中可以看出，所获得的创业者样本的互联网创业行为有以下特征：在使用网络时间上，有 51.8% 的创业者使用网络的时间超过 6 年。据另一项 2011 年的调查显示，上海新生代农民工平均网龄是 6 年。由此可见，在使用互联网的年数上，互联网创业者并不突出。受访对象中，54.1% 的互联网创业企业的规模在 10 人以下，体现了互联网创业企业的规模较小。

此外，有过互联网创业经验的接近 50%。这一数值引起了笔者的注意，下文将研究互联网创业经验对创业绩效的影响，以及以此为控制变量研究其他因素的影响。

表 5-6 互联网行为特征

指标		人数/人	占比/(%)
每周访问互动平台的次数	1 次或更少	25	11.5
	2~3 次	35	16.1
	4~6 次	29	13.3
	7~9 次	27	12.4
	超过 9 次	102	46.8

续表

指标		人数/人	占比/(%)
使用网络的时间	不到1年	4	1.8
	1~2年	21	9.6
	3~4年	33	15.1
	5~6年	47	21.6
	超过6年	113	51.8
企业规模	不到10人	118	54.1
	10~20人	36	16.5
	21~50人	30	13.8
	51~100人	12	5.5
	101~200人	3	1.4
	201~300人	2	0.9
	超过300人	17	7.8
是否有过创业经验	有	107	49.1
	没有	111	50.9

(三) 虚拟社区的参与情况

虚拟社区参与特征见表5-7。

在虚拟社区的参与情况上，46.8%的互联网创业者每周访问互动平台9次以上，访问7次以上的占59.2%。这说明互联网创业者对互动平台的访问非常活跃。在参与动机的所有选项中，以搜索需要的信息或知识为目的的比例最多，占38.5%，其次为发帖提问寻求帮助、参与社区已有话题的讨论。还可以看到互联网创业者最经常访问的互动平台是淘宝论坛、新浪博客。访问这些互动平台对创业绩效的影响将在下文中进行研究。

表5-7 虚拟社区参与特征

指标		人数/人	占比/(%)
每周访问互动平台的次数	1次或更少	25	11.5
	2~3次	35	16.1
	4~6次	29	13.3
	7~9次	27	12.4
	超过9次	102	46.8

续表

	指标	人数/人	占比/(%)
参与方式	参与社区已有话题的讨论	49	22.5
	主动发起新的讨论或写文章	29	13.3
	发帖提问寻求帮助	53	24.3
	搜索需要的信息或知识	84	38.5
	无目的地浏览信息	34	15.6
	灌水，打发时间	19	8.7
最常访问的互动平台	阿里巴巴商人论坛	10	4.6
	淘宝论坛	88	40.4
	阿里巴巴生意经	9	4.1
	淘帮派	7	3.2
	阿里巴巴博客	1	0.5
	淘江湖	8	3.7
	新浪博客	69	31.7
	其他	27	12.4

三、因子分析

因子分析数据显示，8个自变量的 KMO 检测值都大于 0.6，Bartlett's 球形检验的显著性概率也都为 0.000，小于 0.005，说明适合进行因子分析。

获利性成长性 KMO 测度和 Bartlett's 球形检验的结果见表 5-8。

表 5-8 获利性成长性 KMO 测度和 Bartlett's 球形检验的结果

获利性	KMO 样本测度	0.862
	近似卡方值	542.376
	自由度	10
	显著性	0.000

创业机会识别、创业资源的可获得性、创业动机的 KMO 测度和 Bartlett's 球形检验的结果见表 5-9。

表 5-9 创业机会识别、创业资源的可获得性、创业动机的 KMO 测度和 Bartlett's 球形检验的结果

创业机会识别	KMO 样本测度	0.851
	近似卡方值	761.374
	自由度	10
	显著性	0.000
创业资源的可获得性	KMO 样本测度	0.700
	近似卡方值	80.439
	自由度	1
	显著性	0.000
创业动机	KMO 样本测度	0.907
	近似卡方值	1014.001
	自由度	21
	显著性	0.000

虚拟集群知识共享行为的 KMO 测度和 Bartlett's 球形检验的结果见表 5-10。

表 5-10 虚拟集群知识共享行为的 KMO 测度和 Bartlett's 球形检验的结果

知识内化行为	KMO 样本测度	0.633
	近似卡方值	77.894
	自由度	3
	显著性	0.000
知识外化行为	KMO 样本测度	0.853
	近似卡方值	593.510
	自由度	21
	显著性	0.000

个人社会资本各指标的 KMO 测度和 Bartlett's 球形检验的结果见表 5-11。

表 5-11 个人社会资本各指标的 KMO 测度和 Bartlett's 球形检验的结果

结构资本	KMO 样本测度	0.845
	近似卡方值	846.986
	自由度	6
	显著性	0.000

续表

关系资本	KMO样本测度	0.720
	近似卡方值	452.446
	自由度	3
	显著性	0.000
认知资本	KMO样本测度	0.727
	近似卡方值	369.482
	自由度	3
	显著性	0.000

四、相关分析与回归分析

(一) 相关分析

对各变量的相关分析表明：创业资源的可获得性与创业绩效相关性在0.01水平上(双尾)显著，并且Pearson相关系数大于零，双方有正相关关系。创业机会识别与创业绩效的相关分析表明，创业机会识别与创业绩效相关性在0.01水平上(双尾)显著正相关。创业绩效与创业动机的四个变量有显著正相关关系。结构性社会资本与创业资源的可获得性有显著的正相关关系。而通过偏相关分析，网络规模对创业资源的可获得性相关系数为0.053，双尾检验值为0.438，大于0.05，不相关。网络密度与创业资源的可获得性的偏相关关系显示，双尾检验值为0.000，小于0.05，相关系数为0.244，有微弱的正相关关系。互动强度与创业资源的可获得性的相关系数为0.198，有微弱的正相关关系。创业机会识别与结构资本的相关关系显著，且是正相关。结构资本的网络规模与创业机会识别的偏相关关系显示，双尾检验值为0.000，小于0.05，相关系数为0.280，有微弱的正相关关系。网络密度与创业机会的相关关系双尾检验值为0.086，大于0.05，说明结构资本的网络密度与创业机会识别不显著相关。结构资本的互动强度与创业机会识别的偏相关关系显示，双尾检验值0.017小于0.05，相关系数为0.165，有微弱的正相关关系。互联网创业者的关系资本与创业资源的可获得性有显著的正相关关系。认知资本对互联网创业者创业动机的影响显著，且是正相关关系。互联网创业者的共同愿景与创业动机之间的双尾显著性分析值为0.001，小于0.05，相关系数为0.231，有微弱的正相关关系。个人社会资本的共同语言程度与创业动机之间关系显著(0.039，略小于0.05)，相关系数值为0.142，则两者关系是微弱的正相关关系。在知识外化行为与创业资源的可获得性的相关性分析中,我们可以看到,主动帮助他人与创业资源的可获得性的相关关系不显著(0.192,大于0.05)。知识外化行为其他变量与创业资源的可获得性之间都显著相关,其中,主动分享、结交朋友两个变量与创业资源的可获得性之间的相关关系较为微弱。知识外化行为各个变量与创业机会识别之间的相关关系都较为显著(0.000,小于0.05)。其中,问答交流与创业机会识别的相关系数最高,为 0.521。整体而言,知识外化行为各个变量与创业机会识别为正相关关系。知识内化行为与创业机会识别之间的相关关系为显著正相关。知识内化行为三个变量与创业动机之间的相关关系为正相关,其中同伴学习的相关系数最大。

(二) 回归分析

本节采用多元逐步回归,对相关分析所选取的 4 个变量,技术、资金、人力资源的可获得性,共同愿景,权力需要和信任关系资本与创业绩效的关系进行进一步的分析。

多元回归时,看调整的 R^2 系数,越接近1,拟合程度越高。双尾系数为0.041,小于0.05。调整后的 R^2 为 0.447,拟合度不算太高。

逐步回归分析模型见表 5-12。

表 5-12 逐步回归分析模型[e]

模型	复相关系数 R	R^2	调整的 R^2	回归标准误差	Change Statistics				
					R^2 Change	F Change	df1	df2	Sig. F Change
1	0.565[a]	0.319	0.315	0.84168711	0.319	91.704	1	196	0
2	0.650[b]	0.422	0.416	0.7770857	0.104	34.943	1	195	0
3	0.668[c]	0.447	0.438	0.76256404	0.024	8.498	1	194	0.004
4	0.677[d]	0.458	0.447	0.75628151	0.012	4.237	1	193	0.041

注:a. 预测变量:(常量)技术、资金、人力资源的可获得性。
b. 预测变量:(常量)技术、资金、人力资源的可获得性,共同愿景。
c. 预测变量:(常量)技术、资金、人力资源的可获得性,共同愿景,权力需要。
d. 预测变量:(常量)技术、资金、人力资源的可获得性,共同愿景,权力需要,信任关系资本。
e. 因变量:创业绩效。

逐步回归的回归系数与显著性系数检验表见表 5-13。

表 5-13 逐步回归的回归系数与显著性系数检验表[a]

模型		Unstandardized 逐步回归的回归系数与显著性系数检验表		Standardized 逐步回归的回归系数与显著性系数检验表
		B	标准差	Beta
1	常量	−1.549	0.173	
	技术、资金、人力资源的可获得性	0.543	0.057	0.565
2	常量	−2.462	0.222	
	技术、资金、人力资源的可获得性	0.425	0.056	0.442
	共同愿景	0.361	0.061	0.344
3	常量	−2.949	0.275	
	技术、资金、人力资源的可获得性	0.411	0.055	0.427
	共同愿景	0.338	0.061	0.322
	权力需要	0.167	0.057	0.159
4	常量	−3.056	0.278	
	技术、资金、人力资源的可获得性	0.413	0.055	0.430
	共同愿景	0.236	0.078	0.225
	权力需要	0.152	0.057	0.145
	信任关系资本	0.146	0.071	0.148

注:a.因变量:创业绩效。

根据回归分析数据,可以得到回归方程:

创业绩效 $Y=-3.056+0.413\times$ 技术、资金、人力资源的可获得性 $+0.236\times$ 共同愿景 $+0.152\times$ 权力需要 $+0.146\times$ 信任关系资本

五、单因素方差分析

本节将通过单因素方差分析的方法,检验互联网创业者对互动平台的访问频率和曾经的互联网创业经验对创业绩效的影响作用。

（一）互动平台的访问频率对创业绩效的方差分析

表5-14描述了各个访问频率对应的样本数、均值和标准差,可以看出,访问频率的增加并没有造成绩效的增长趋势。

表5-14 互动平台访问频率对创业绩效的方差分析

	样本数	均值	标准差	标准误差	95%的置信空间		Minimum	Maximum
					Lower Bound	Upper Bound		
1次或更少	25	0.0725610	1.05513179	0.21102636	−0.3629760	0.5080980	−1.85621	2.08951
2~3次	35	−0.1109594	0.83595573	0.14336522	−0.4026382	0.1807193	−1.86731	1.24711
4~6次	29	−0.2622448	0.95584562	0.17749608	−0.6258291	0.1013394	−2.13208	1.67622
7~9次	27	−0.0835384	0.89293600	0.17184561	−0.4367721	0.2696953	−2.37413	2.45419
超过9次	102	0.1120684	1.07573271	0.10811521	−0.1024827	0.3266195	−2.37413	2.45419
Total	214	−0.0033853	1.00110903	0.06843440	−0.1382807	0.1315101	−2.37413	2.45419

在对互动平台访问次数不同的互联网创业者的创业绩效进行对比的时候,显著性都大于0.05,各个频率没有显著差异,所以说访问频率对创业绩效没有显著性的影响。

互动平台访问频率对创业绩效影响的多重比较结果见表5-15。

表5-15 互动平台访问频率对创业绩效影响的多重比较结果

（I）每周访问互动平台的次数	（J）每周访问互动平台的次数	均值差（I−J）	标准误差	显著性	95%的置信区间	
					Lower Bound	Upper Bound
1次或更少	2~3次	0.18352044	0.26377528	0.487	−0.3364807	0.7035216
	4~6次	0.33480583	0.27324073	0.222	−0.2038553	0.8734670
	7~9次	0.15609938	0.27788643	0.575	−0.3917202	0.7039190
	超过9次	−0.03950743	0.22409945	0.860	−0.4812925	0.4022776
2~3次	1次或更少	−0.18352044	0.26377528	0.487	−0.7035216	0.3364807
	4~6次	0.15128539	0.25307507	0.551	−0.3476216	0.6501924
	7~9次	−0.02742106	0.25808403	0.915	−0.5362026	0.4813605
	超过9次	−0.22302787	0.19901523	0.264	−0.6153624	0.1693067

续表

(I)每周访问互动平台的次数	(J)每周访问互动平台的次数	均值差(I−J)	标准误差	显著性	95%的置信区间	
					Lower Bound	Upper Bound
4～6次	1次或更少	−0.33480583	0.27324073	0.222	−0.8734670	0.2038553
	2～3次	−0.15128539	0.25307507	0.551	−0.6501924	0.3476216
	7～9次	−0.17870645	0.26775074	0.505	−0.7065448	0.3491319
	超过9次	−0.37431326	0.21140047	0.078	−0.7910638	0.0424373
7～9次	1次或更少	−0.15609938	0.27788643	0.575	−0.7039190	0.3917202
	2～3次	0.02742106	0.25808403	0.915	−0.4813605	0.5362026
	4～6次	0.17870645	0.26775074	0.505	−0.3491319	0.7065448
	超过9次	−0.19560681	0.21737187	0.369	−0.6241293	0.2329156
超过9次	1次或更少	0.03950743	0.22409945	0.860	−0.4022776	0.4812925
	2～3次	0.22302787	0.19901523	0.264	−0.1693067	0.6153624
	4～6次	0.37431326	0.21140047	0.078	−0.0424373	0.7910638
	7～9次	0.19560681	0.21737187	0.369	−0.2329156	0.6241293

(二)互联网创业经历对创业绩效的方差分析

在使用独立样本 t 检验的时候,假设方差不相等,显著性为 0.032,小于 0.05,有理由拒绝原假设,认为两总体的均值不相等,所以是否有互联网创业经验对创业绩效有显著的影响。

互联网创业经历对创业绩效的独立样本 t 检验见表 5-16。

表 5-16　互联网创业经历对创业绩效的独立样本 t 检验

	方差齐性检验		t 检验					95%的置信区间	
	F	显著性	t值	自由度	显著性(双尾)	平均差	标准误差	Lower Bound	Upper Bound
假设方差相等	0.011	0.916	−2.150	213	0.033	−0.29101386	0.13533008	−0.55777163	−0.02425610
假设方差不相等			−2.154	212.966	0.032	−0.29101386	0.13509658	−0.55731160	−0.02471613

由单因素方差分析可以看出,是否曾经有过互联网创业经验对创业绩效的影响显著。所以,笔者希望研究,控制互联网创业经验这一变量之后,针对 107 份有过互联网创业经验的样本重新进行相关分析和回归分析,分析其变化。

相关分析(见表 5-17)之后,有 3 个变量被选中:"共同愿景""信息、知识的可获得性""共同语言"。通过回归分析,可以发现,拟合系数更好,为 0.548。

表 5-17 逐步回归分析模型[d,e]

模型	R 是否有互联网创业的经历＝有(Selected)	R 是否有互联网创业的经历＝无(Unselected)	R^2	调整的 R^2	回归标准误差
1	0.676[a]		0.457	0.452	0.71146188
2	0.731[b]		0.535	0.525	0.6621292
3	0.750[c]	0.446	0.562	0.548	0.64572828

注:a.预测变量:(常量)共同愿景。
b.预测变量:(常量)共同愿景,信息、知识的可获得性。
c.预测变量:(常量)共同愿景,信息、知识的可获得性,共同语言。
d.是否有互联网创业的经历＝有。
e.因变量:创业绩效。

逐步回归的回归系数与显著性系数检验表见表 5-18。

表 5-18 逐步回归的回归系数与显著性系数检验表[a,b]

模型		Unstandardized 逐步回归的回归系数与显著性系数检验表		Standardized 逐步回归的回归系数与显著性系数检验表
		B	标准误差	Beta
1	常量	－2.513	0.278	
	共同愿景	0.704	0.079	0.676
2	常量	－3.001	0.287	
	共同愿景	0.566	0.081	0.544
	信息、知识的可获得性	0.319	0.081	0.309
3	常量	－3.185	0.290	
	共同愿景	0.533	0.081	0.512
	信息、知识的可获得性	0.271	0.081	0.262
	共同语言	0.140	0.058	0.178

注:a.因变量:创业绩效。
b.是否有互联网创业的经历＝有。

从而,对有过互联网创业经验的人,再次创业创业绩效的回归模型为:
创业绩效 $Y＝－3.185＋0.533×$共同愿景$＋0.271×$信息、知识的可获得性$＋0.140×$共同语言

第五节　本章小结

问卷所收集到的样本构成为年轻人、不具备高学历,但是曾经有过互联网创业经验的比例接近一半,并且在后期的单因素方差分析中,可以看到是否有过创业经验对互联网创业者的创业绩效有显著影响。

在回答知识共享时的感受部分,更多的人同意阅读他人经验分享比淘宝大学等官方知识对自己的帮助大。这说明互联网创业者在虚拟集群中更喜欢获得他人的经验,而不是第三方机构的创业教育。

在知识外化行为的动机调查数据中,选择结交朋友和帮助他人是互联网创业者的知识共享动机,这与在普通情况下,分享是为了宣传企业有所差别。

一、创业资源的可获得性、创业机会识别、创业动机与创业绩效的关系

在分别对这3个变量与创业绩效进行的相关分析中,创业资源的可获得性比创业机会识别和创业动机体现了更大的与创业绩效的正相关关系。对创业资源的可获得性而言,技术、资金、人力资源的可获得性的相关系数 0.565,比信息、知识的可获得性的相关系数 0.452 更大。这表示,对互联网电子商务创业而言,物质资源充分的重要性。

创业机会识别、创业动机与创业绩效的正相关关系都比较显著,而创业动机的相关性稍微小一些,尤其是独立性的相关系数为 0.182,只体现了微弱的正相关关系。

二、结构性社会资本与创业资源的可获得性的关系

互联网创业者可以从亲朋好友那里获得技术、资金、信息、知识等资源,研究结果也印证了社会资本与创业资源的可获得性的正相关关系。在进行偏相关时,个人社会资本网络规模的大小与创业资源的可获得性不相关,而网络密度和联系强度体现了正相关关系。互联网创业者与亲朋好友沟通密切、讨论创业的事,与创业资源的可获得性有正相关关系。

对互联网创业而言,所需要的创业资源相对于实体创业更为单一,网络规模对资源的可获得性的影响并不大,而网络密度和互动强度能对创业资源的可获得

性发挥更大的作用。

三、结构资本与创业机会识别的关系

结构资本的网络规模、网络密度与互动强度总体而言都与创业机会识别有正相关关系。而在偏相关分析中,网络密度与创业机会识别因子的显著性概率为0.086,大于0.05,这表明与亲朋好友沟通密切的创业者,并不一定能识别创业发展机会。网络规模和互动强度对创业机会识别都有正相关关系。

四、关系资本对创业资源的可获得性的关系

对年轻人而言,创业最初的资源投入是从个人社会资本中获得的,个人社会网络成员对自己能力的信任减少了交易成本,与创业资源的可获得性有正相关关系。

五、认知资本与创业动机的关系

个人社会资本的共同语言、共同愿景与创业动机的关系在相关性分析中得到了显著正相关的印证。个人社会网络成员与自己有共同的愿景、价值观,会促进互联网创业者的创业信心。

亲朋好友相信自己的事业很有价值,即共同愿景与创业动机正相关,而对共同语言而言,个人社会资本是否促进自己创业知识的获得与创业动机的相关关系相对微弱。亲朋好友的信任比他们的知识引导,更能让创业者产生创业动机。

六、知识外化行为与创业资源的可获得性、创业机会识别的关系

在虚拟集群中的知识共享,更能达到宣传自己创业企业的目的,有利于获得创业资源。除了主动帮助变量的显著性概率大于0.05之外,其他多数变量都体现了显著正相关关系。

知识外化行为是对自己知识的整合输出过程,在沟通交流、帮助他人的同时,创业者也在梳理自己的经验知识。前人对经验和创业机会识别的研究表示了两者的正相关关系,本书也加以了印证。

七、知识内化行为与创业机会识别、创业动机的关系

笔者假设在虚拟平台上寻求帮助,从他人的经验和创业教育中获得知识,提升自己识别机会的能力,也能激发自己的创业动机。数据印证了这些假设,知识内化行为与创业机会识别、创业动机之间都有正相关关系。

本书证明了虚拟集群知识共享对创业绩效的影响作用,但也证明了社会资本比虚拟集群知识共享对创业成功发挥更大的作用,这与研究出发点相反。并且,本书证明了互联网创业者的创业经验对创业绩效有重要影响。

回归分析的结果表示,不论创业者是否曾经创业,个人社会资本中的"共同愿景"都对创业是否成功有显著影响。对初次创业的互联网创业者而言,技术、资金、人力资源的可获得性会影响创业的绩效,并且创业者有更大的权力需要,个人的亲友是否信任自己的发展前景也会显著影响创业绩效,而对非首次创业的创业者而言,信息、知识资源的可获得性影响更大,并且自己的亲友是否促进自己对创业知识的学习也影响创业绩效。

虚拟社区知识共享对创业绩效的影响并不显著,其原因可能是互联网创业者从个人社会资本中获得的知识、信息更能影响自己的创业动机、创业机会识别和创业资源的可获得性。

第六章 个人经验、他人经验与"互联网＋"创业学习

第一节 "互联网＋"与创业学习

在亚太地区最大的网络零售商圈——淘宝网的创业教育论坛"淘宝大学"上，我们注意到了这样一篇名为"不怕失败"的关于二次创业的帖子。内容是两个平时喜欢网购的女孩子利用课余时间经营淘宝网店。第一次创业，对于毫无经验的新手而言，进货、宣传等方面的经验缺乏使她们的第一次淘宝商铺经营以失败告终。在不到一年的时间里，通过对第一次失败经历的总结以及个人经验的积累，两个人终于找到合适的货源，明确店铺的装修风格，并且善于利用淘宝论坛中的帖子进行宣传推广，同时为其他初次创业者提供宝贵的经验，如今，"二次创业"的店铺经营顺利，两个人也将在创业之路上坚定地走下去。

互联网创业由于其低风险、低门槛的特性，已经成了许多平民创业者进行创业活动的广大平台。淘宝网作为亚洲地区最大的网络零售平台，也吸引并聚集着大批的平民创业者，据显示，目前在淘宝网上个人创业者创立的店铺已超过587万家，这足以说明淘宝网对互联网创业者具有足够的吸引力，也说明本研究选取淘宝网作为实证研究的对象是具有足够的代表性的。

正是由于互联网门槛低的特点，许多创业者并没有经过专门的创业教育，因此，淘宝网专门设立了为中小企业创业者进行创业教育，旨在帮助他们成长的平台——淘宝大学。在此论坛中，不仅有网商名师提供专业的在线课程，而且建立了经验分享交流的平台。在淘宝大学中，诸如以上提到的关于创业者分享个人经验与经历的创业精华帖并不占少数，这样的经验分享对于分享者本人来说，可以得到高手们的指点；对于其他创业者来说，这种经验和经历又是一种宝贵的资源，创业者可以根据自身企业的特点，有针对性地模仿成功创业者采取的方法及措施，从而提高创业绩效。在这个开放的平台中，他人经验的交流与分享使创业者在创业过程中既能借鉴成功之处，又能吸取教训，少走弯路。

创业行为是一个学习的过程，目前基于行为视角的研究认为，创业者基于经验决策的方法，从信息的组合分析中获得新的见解，进而帮助创业活动的产生。

Robert S(2000)曾认为,在创业学习的领域中,经验学习是关键,对于创业者来说,经验学习比其他形式的学习更为重要。尤其当创业者面临着高风险和不确定性的环境时,个人经验会更好地帮助创业者进行决策,并建立创业信心等积极正面的心态。同时,创业者的进步不仅仅来源于自己的直接经验,还可以来源于观察和研究其他个人或者组织的经历,因此,他人经验在此过程中也会起到调节作用。然而,在传统实体经营的组织中,他人的经验是很难获取的,很多公司利用专利技术、保密性规定等制度来避免组织知识的外溢。与实体的创业学习相比,互联网的开放性使创业者的交流有了更广泛的平台,而且网上创业的许多经验具有共同性和互通性,经验的分享及知识的流动并没有如实体经营的组织中受到地域、行业、企业自身内部约束等因素的阻碍,因此在这种情境下的这些分享性的经验是具有普遍性和有价值的。在中国情境下,互联网交易平台的建立日臻完善,在互联网这个创业者聚焦的领域下,淘宝网提供创业者与购买者的交易平台,从而催生了大量的创业现象,更推出了"淘宝大学"这样的创业者之间交流信息、分享经验的创业学习平台,这无疑为笔者研究在互联网情境下,他人经验对创业者创业绩效的调节作用提供了有利的条件。

另外,Petoka(2008)曾指出,创业学习是一种对创业结果中所犯错误进行反思和学习的过程。互联网这一交易平台催生出大量的创业现象,由于互联网创业平台的低风险和低门槛的特点,成功的创业者更容易进行新一轮的创业活动;而失败的创业者也更容易卷土重来。这些都为研究创业过程中的关键事件对创业绩效的影响提供了极大的便利条件,而且都是在互联网情境下值得关注的问题。

第二节 经验、学习与"互联网+"创业

一、"互联网"企业的特征

随着互联网的兴起,网络在人们的日常生活中扮演着越来越重要的角色,从获取信息到休闲娱乐,从沟通交流到消费购物,它为人们带来的不仅是方便与快捷,同时,也为创业者提供了一个资源丰富、低投入、低风险、低门槛的平台。互联网企业与传统实体企业存在着许多差别,即互联网企业的主要特征——虚拟运营、技术支持、分布协作(徐坐洲,2007)。

(一)虚拟运营

虚拟运营是指互联网企业的创业需要借助电子网络工具进行,其业务范围也

大部分是基于互联网平台本身提供服务,另外,互联网企业本身的形象及业务也是以虚拟的形式通过互联网平台在网上进行传播,互联网企业的经营在现实中可以没有固定的工作场所,这是传统实体企业无法实现的。

(二) 技术支持

互联网企业本身的性质决定了其对技术的依赖性,如果没有互联网技术的支持,互联网企业也将无法生存。

(三) 分布协作

互联网企业的运营涉及的服务产业并非某一个企业的个体行为,以本书所要研究的淘宝网C2C商务模式为例,创业者首先要通过网络基础运营商申请域名、服务器空间等基本的互联网服务,接着进行网上产品展示与宣传,买家订货后,又需要银行的网上支付系统完成交易,最后,还需要创业者联系物流公司将产品传递到买家的手中。中间任何一个环节都是缺一不可的,因此可以看到,互联网企业的商业活动,需要许多产业的协同合作才可以完成。

二、创业学习

自从20世纪80年代以来,由于创业活动对拉动国民经济增长可以起到重要的作用,也会让创业活动日趋普遍和繁荣,在学术界,研究创业理论的学者也会越来越多。创业活动的复杂性引起了包括管理学派、心理学派、社会学派等多界学者的广泛关注,并在相当长的一段时期内呈现出百家争鸣的繁荣景象。随着研究的日益加深,其中的主流理论也逐渐形成。丁桂凤、李永耀、郑振宇(2009)指出,目前已有的创业研究可以分为以下几类。

(一) 基于经济作用视角的创业研究

此类观点认为创业的目的是瓦解市场的平衡,人类本身存在的冒险及探索精神驱使人们进行创业活动,另外,知识或技术的发展要求创业者在追求利润时进行破坏,同时进行创新(Casson M,2002)。

(二) 基于人格特质视角的创业研究

此类观点研究认为,创业者的一些人格特性直接决定了创业者的机会识别能力、远见、创业警觉性等因素的水平。因此,从事创业的创业者必须具备一些特有的个性和心理特征,如高水平的成功需求欲望(McClelland,1961)、控制源(Roter,1966)、高水平的风险偏好(Timmons et al,1985)及高水平的模糊性容忍度

(Baron,Robert A,1998)。但是此类观点也受到诸多质疑,并在理论和实证方面受到了严峻的挑战。Gartner(1985)曾指出,创业者本身存在的人格特征和心理方面的差异要远远大于创业者与非创业者之间的差异,所以,并不存在具有代表性的创业者的人格特征,因此,也不存在某些心理特质的变量会影响创业者的决策过程。在此以后,该领域的学者逐渐调整方向,更多地研究创业者的人格特质对创业绩效的影响。目前,已经很少有学者仅仅从人格特质一个角度来研究创业者的创业学习行为,更多的人认为,人格特质在人力资本、战略、营销等复杂的创业活动中起到缓冲变量或中介变量的影响。

(三) 基于行为视角的创业研究

该领域认为创业者通常是通过主观推断,即基于经验的决策方式,从已有的信息中重新归纳总结,进而获得新的知识,从而进行创业学习(Busenitz I.,Barney J.,1997)。

从上述三种观点看来,创业领域的相关研究已经从经济作用视角、人格特质视角逐步转移到创业本身的学习过程中。有的学者认为,创业本身就是一个学习的过程,因此创业理论便是一种学习的理论。在创业过程中,学习的过程起到核心的作用(Smilor R W.,1997)。

(四) 基于资源视角的创业研究

此类观点认为,无论是启动创业,还是创业活动的后续经营都需要依靠必要的资源,资源是创造财富的源泉(Drucher,1985),而且,能够有效组合,并对各种有价值的资源加以利用是创业者是否可以取得成功的关键因素(Morris,1998)。该类理论的学者往往将创业资源作为创业学习的研究重点,探索有利于创业者取得成功的各种关键资源,并对创业者应该如何加以提取、利用、整合这些关键资源加以探讨(Alvarez et al.,2001)。目前,学者讨论最多的资源包括金融资本(Davila et al.,2003;Wright et al.,1997),人力资本(Westhe et al.,2001;Cooper et al.,1994),社会关系网络资本(Ulhoi,et al.,2005;Hoang et al.,2003)。如何能够识别、开发资源,并进行获取和整合,是创业者必须要具备的核心能力,并可以影响创业绩效(Gupta et al.,2004;Bergmann Lichtenstein et al.,2001)。

(五) 基于管理视角的创业研究

该类理论认为创业者的个人特质差距并不大,在获取同等资源的情况下,创业活动能否取得成功的关键因素在于组织是否有效,该领域的学者将探索有利于创业成功的管理因素作为研究重点,Stevenson et al.,(1994)指出,创业管理的许多方面都会对创业活动产生影响,其中包括战略导向,机会把握与识别、设置管理结构与薪酬制度等方面。

至今为止,创业学习至今还没有一个明确并公认的定义,将创业学习作为研究对象的文献还相对比较少,以下介绍创业学习领域比较有影响力的几个模型。

(1) Rae(2000)认为,创业学习即学习以创业的方式工作,在这个过程中,创业者不断思考"我能够成为怎么样的人?"并按照他们理想中的自己不断学习,进行创业行为。在创业学习的过程中,创业者的知、行、意三者是相互联系的。从该模型中,我们可以看出,创业学习不仅仅来自自身的内省和经验,而且还是一个以未来为导向的创造预期的思维过程。

(2) Castellon(2000)认为,创业过程存在频率和程度两个方面的差别,决定两者的影响因素之一便是创业学习,创业学习可以使创业活动及进程变得系统化,并能驱动创业者个人的学习。因此,可见 Castellon 认为创业学习的目标是创业活动的频率和程度发生改变。

(3) Minniti(2001)的观点将创业学习看成是一种学习知识,并且利用所学知识进行决策的过程。在创业学习的过程中,创业者基于过去的经验不断更新创业知识,根据这些经验知识,他们不断放弃失败的选择,并重复最有希望的选择。Minniti 的创业学习的概念独特之处在于:学习的客体是和选择某种决策策略有关的知识,其目的是增强正确决策的概率。

三、基于经验的创业学习

在心理学领域,关于学习的定义有着许多不同的观点,因此也产生不同的流派,其中一种被广泛接受的定义是与经验相关的。例如,Thorpe(1963)指出,学习是个体通过经验产生的行为的适应性变化而表现出的过程;Eittrock(1977)认为学习是一种经验变化的过程。Wingfield(1979)则认为学习是通过练习或经验,使创业者在行为或者知识上产生较为持久的变化。

根据以往国内外的文献研究,基于经验的创业学习是其中一个重要且突出的研究成果,学者们关注创业者在创业过程中如何学习并积累经验,获得知识并最终获得成功。从经验学习的角度来看,创业学习是对过去自身的经历及已有的知识进行回顾、分析总结、归纳和反思的学习(Richard,2004)。Robert(2000)指出,经验学习是通过各种经验的积累从中进行学习,提升自己知识存量的过程。对于创业者来说,经验学习比其他形式的学习更加重要。经验学习是创业学习的关键,当创业者面对互联网这个未知的、不确定性高的创业环境时,曾经的组织经验及个人经验会帮助他们更好地适应环境,经营企业(丁桂凤、李永耀、郑振宇,2009)。

Politis(2005)基于 Kolb 的经验学习理论,提出了基于经验的创业学习模型,如图 6-1 所示。该模型指出，创业者的专业经验与创业知识是两种不同的概念，创业者的专业经验包括创业经验、管理经验和行业经验；而创业知识则包括识别机会的知识以及克服资源弱性的知识。经验会以探索式或转化式的方式转化为创业知识，使用探索式的转化方式会使创业者的创业经验、管理经验、行业经验转化为识别机会的创业知识；而是用利用式的方式会使创业者的创业经验、管理经验、行业经验转化为创业者克服资源弱性的创业知识。驱动创业绩效的知识则是三种经验共同作用的结果。而且 Politis 认为，创业者的三种经验与创业知识，即识别机会、克服资源弱性存在正向的关系。

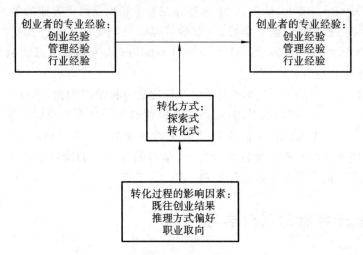

图 6-1　基于经验的创业学习模型

四、从关键经历中的创业学习

许多学者如 Deakins 和 Freel(1998)都认为创业学习中存在着一些关键的经历，这些关键经历包括积极的经历和消极的经历，即成功与失败。例如成功的经历不仅可以帮助创业者从中进行总结，有利于今后的决策，而且会促进建立创业者积极的创业情感体验，提升创业者未来经营的信心；而失败的经历则会促使创业者进行自身反思，从失败中总结经验教训，为未来的再次创业进行创业知识的储备与更新。

Cope 的创业学习模型(见图 6-2)认为创业学习的过程来源于关键事件与常规事件两个方面，但更倾向于认为关键经历(成功和失败)对创业学习产生更重要的影响，认为创业过程的本身是一段不连续的学习过程，因此创业过程中的任何关键事件都有利于创业者取得"高水平"的学习成果，因此，偶然突发的关键经历对于创业学习来说是一种催化剂和诱发因素。另外，Cope 还提出了反思过程在创业学习中的重要性,这是因为创业者能够从关键经历中进行反思,所以才能够将各种经验及经历转化为创业知识,并将其应用于新的情境和新的创业活动中,创业者通过反思可以从不同的经历中进行学习,进行信息的归纳总结,并提炼出创业知识,因此,创业学习是一个集认识、反思、联系,最后加以运用的动态过程。

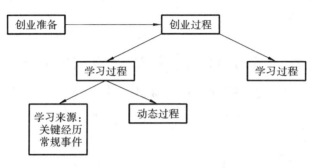

图 6-2　Cope 的创业学习模型

Holcomb 等人提出的基于经验的创业学习模型也体现出借鉴他人经验的重要意义。他认为创业学习的来源途径有两种:除了通过创业者自身的直接经验进行学习以外,还可以通过观察他人学习的行动和结果来积累知识。这种间接经验在一定程度上可以成为创业者在某些不熟悉的领域的一种宝贵的资源,创业者可以对他人的经验进行分析、提炼等过程,最终整合成为创业者自身的知识体系。

本书所要研究的是创业者通过间接学习所得到的他人经验对自身层面上"个人经验——创业绩效"之间的调节作用。他人经验是与个人本身经验相对的,所指的是并不是依靠创业者本身的实践活动所得到的经验,而是通过观察他人的行为进行模仿所得到经验。通过间接学习所得到的他人经验,可以充分使人们避免尝试错误的过程,从而少走弯路。

五、创业绩效

绩效是用来反映个人或者组织从事某种活动所获得的成绩或成果。本书所要研究的创业绩效,是指创业者在创业的一定时期内为实现某些目标,通过各种努力所获得的成果。Bates & Holton(1995)曾经指出,绩效是一组多维度的建构,根据其测量因素的不同,得到的结果也会不同。从个体的层面来看,主要存在以下两种观点。第一种观点认为绩效是工作的结果。Bernadin 等人(1995)曾认为,"绩效应该被定义为工作的结果,因为这些工作结果与组织的战略目标、顾客满意度及所投入的资金关系最为密切",Kane(1996)也曾指出,绩效是"一个人保留下来的东西,这种东西是与行为的目的相互独立而存在的",因此,可以看出,创业绩效是创业者在一段时间内工作成绩的客观记录。另外一种观点则认为绩效是一种行为,并应该与结果区分开。Campbell(1990)指出,"绩效是行为的同义词,是由人们在个体控制下与目标相关的行为组成的,而这些行为可以是认知方面的、生理方面的、心智活动方面的,或者是人际关系方面的"。本书对创业绩效的定义采用了第一种,即绩效是一种结果,将创业者在一段时间(一个月)内的成交量作为衡量创业绩效的指标。

第三节 个人经验、他人经验与"互联网+"创业学习实证设计

一、个人经验的影响

许多理论都强调,一个组织的知识存在于其组织层面,是分散且脱离于其组织中个人的知识的。但近来的研究指出,驱动组织绩效的知识是个人与集体记忆系统的混合物。从这个观点来看,组织知识应该被看作是两种不同知识的集合,一种是编码过且具备程序性的知识,存在于组织的目标、惯例、标准运营程序和规则等之中;另一种是缄默且未编码的知识,存在于集体的感知系统中(比如共享心智模型、交互性的记忆系统,以及组织文化),也存在于个人的感知和记忆中。知识不专属于分开的个人或组织,而同时属于它们两者(Politis,2005)。对于互联网企业来说,创业者的个人知识显得尤为突出和重要,因为相比于实体组织来说,互联网企业的组织规模更小,组织架构也更简单,因此,储存于组织中的知识也相对较少,在这种情况下,创业者将会更倾向于从个人积累的经验进行决策活动。

基于互联网的背景下,本书认为个体层面的经验分为创业经验、管理经验、行业经验以及互联网经验四个方面,它们共同对创业者的创业行为产生影响,进而影响创业者的创业绩效。

(一) 创业经验

创业经验是指创业者在从开始创立新的企业到企业还没有进入稳定运营状态,获利成长的一段时期内,各种活动趋于稳定的活动经历,包括建立企业组织架构,制定企业战略,各个环节运营计划等相关的活动。创业活动本身有着极高的风险性和不确定性,许多研究表明,之前的创业经验能够帮助创业者在压力和不确定的环境下,将之前的隐性知识显性化,从而帮助创业者做出正确有效的决策。(Johannisson,Landstrom & Rosenberg,1998)。Shane(2003)指出,具有更多创业经验的创业者在再次创业的过程中会拥有更加出色的机会识别能力及决策能力。

机会识别能力是成功的创业者所需要具备的最重要的能力(Ardichvili,Cardozo & Ray,2003)。有经验的创业者拥有包括相关合约、可靠的供应商、可视的市场、可利用的产品信息、具有竞争力的资源与反馈等非常有价值的商业资源,这些都属于创业者构建机会识别知识的范畴,拥有了这种知识,有经验的创业者不仅拥有可贵的商业资源,更培养了对这些资源的辨别与评价能力(Ardichvili,Cardozo & Ray,2003;Shane & Venkataraman,2000),从而提高了创业者的创业绩效。同时,创业经验还会帮助创业者克服资源弱性(Reuber & Fischer,1993)。在第一次创业的过程中,由于经验的缺乏,创业者往往会面临多方面的困境:在外部,市场与消费者对新创立的企业并没有太大的信心,因此在交易的过程中会产生犹豫,甚至放弃的行为,从而造成市场与财务现金流方面表现不佳,这成为新创立企业的风险之一;在内部,创业者由于经验与信心的不足,造成决策的失误概率增加。如果创业者具有先前的经验,那么他就会从之前的创业经验中获益,包括商业技能、社会关系网络以及声望和信誉,这些经验在创业者二次创业时获取资金支持、企业规范建立、社会网络建立等过程中会发挥巨大的作用。许多学者指出,创业者的经验会构建更强的克服资源弱性的能力,而这种能力能够为创业者再次创业进入新市场、开发新产品、研发新技术等方面带来更大的成功(Kolvereid & Bullvag,1993;MacMillan,1986;MaGrath,1999)。

以往的许多国外研究都表明,如果一个人有参与企业创立过程的经验,那么他在以后的创业过程中就更有可能成功(Lamont,1972;Ronstadt,1988;Starr & Bygrave,1922)。一些理论知识可以依靠创业教育来获得,但是还有许多实践方面的知识,只能在真正创业的过程中学习。在现实的调查中显示,融资机构也经常将创业者是否具有创业经验作为最终决策的重要考虑之一(Westhead et al.,2005)。许多实证研究也指出,如果创业者拥有丰富的创业经验,那么在第二次创业的过程中,会拥有比他人更好的创业绩效。因此,本书提出第一个假设:

H1:创业者具有越丰富的创业经验,其创业绩效越高。

另外,有统计显示,在第一次创业的过程中就取得成功的创业者占创业总人数的比例还不到总数的 2%,其余大多数的创业者都不止一次参与创业过程。Cope(2005),Deakins & Freel(1998)和 Rae & Carswell(2001)也指出,先前创业经验中的一些关键事件同样对创业者今后的创业过程会产生重要的影响,这些关键事件包括成功和失败。组织决策者关注的是成就导向,成就被定义为是组织决策者所认为可以接受的最低绩效水平。成功是超出成就水平的组织绩效,而失败则是低于成就水平的组织绩效(Peter M. Madsen & Vinit Desai,2010)。组织的成功与失败经历会引起创业者的总结与反思,因而都会对创业者的创业行为和创业绩效起到促进作用(Cope,2005)。

成功会带来创业者知识的稳定与模式化,使创业者感知的不确定因素减少,并在心理方面增强创业者的自信心与成就感,这些都对创业者本身起到正向的作用。然而,成功会自然地被创业者解释为自己已掌握的创业知识已经能够很好地阐述了外部世界,因此认为深入的知识发展是没有必要的,这样的认识会导致创业者在创业过程中忽略来自外部的有价值的信息,并简化他们制定决策的方法,更会导致他们对已有的知识和能力过于自信。

曾经创业的成功经验带来的创业者知识趋于稳定,而失败的创业经验则会使创业者质疑已掌握的知识。因为失败的经历说明了创业者对外界的认知和知识是不足的,失败会促进他们丢弃已有的知识模型,去寻找能更好解释实际的知识模型。而且,由于失败的经历带来的是创业者对现状的质疑,它可以使创业者陷入更复杂的思考,会更加深刻地去探索新的知识,并进行知识更新。创业者对失败的反应而进行知识的探索或问题搜寻,会伴随着一种其他学习形式所没有的紧张感,从而导致对有所不同而且新颖想法的采纳。也就是说,失败会促使创业者去改正现有的问题,质疑旧的假设,并进行组织创新。与传统方式的创业相比,在互联网的情境下,创业者面临的是更低的风险与启动资金的要求,因此,在总结失败经历,重新调整或建立创业知识体系后,会更容易开展二次创业的过程。此外,失败说明的不仅是现有组织知识的缺陷,还可以引导帮助创业者发现缺陷的所在。因此,失败不仅使创业者更乐意于探索新的知识,还增进了搜寻的效率。任何源于成功经历的组织探索,会面临更高的不确定性。换句话来说,失败的经历比成功的经历更能促进创业者搜寻并改进已有知识,以及从经历中提取有意义知识的能力。因此本书提出:

H1a:失败的创业经验比成功的创业经验更可以提高创业者的创业绩效。

(二) 管理经验

Duchesneau 和 Gartner(2000)指出,创业者的管理经验对创业绩效具有非常明显的正向影响,这种影响在具有成功的管理经验的创业者身上会显示出更为突出。在创业过程中,创业者需要建立组织架构,并制定组织规定,亲自参与创业管理的过程。管理经验是侧重于创业者创业的早期成长和管理的阶段,并被认为对新企业的早期管理有所帮助。有研究表明,创业者参加管理活动,会对企业各个方面有着更深刻和全面的了解(Shepherd et al.,2000),管理经验为创业者带来资金、销售、技术、物流、市场等许多方面的资源(Romanelli & Schoonhoven,2001)。另外,具有管理经验的创业者具备过程链的完整概念,能够更顺利地将价值传递给顾客(Shane,2003),并且也更加懂得如何进行谈判、领导以及解决问题。管理是每个创业者在创业过程中都必须面对的问题,如果具有管理经验,那么创业者就会在组织企业内外资源,包括团队建设、领导下属、培训和监控技能的组织能力,以及社会关系能力都会得到显著的提升,进而提高创业绩效。因此,本书提出第二个假设：

H2：创业者具有越丰富的管理经验，其创业绩效越高。

（三）行业经验

早在 1986 年，Johnson 就指出，在创业的过程中，创业者既是产品或者服务的需求者，又是需要满足顾客的供应者，如果创业者拥有行业经验，可以帮助创业者比较明确地判断市场的趋势以及顾客的需求，从而更好地进行创业活动，这样的经验是外界的信息无法提供的。另外，在创业的过程中，对行业经验，Politis（2005）指出，创业者往往会选择自己曾经工作的行业，专门的行业经验也会为他们提供不易获得的、价值程度很高的资源。行业经验的丰富程度也会影响创业者的创业绩效。在再次创业的初期，行业经验培养了创业者提供发现市场机会的洞察力；在创业过程中，行业经验又为创业者提供了产品或服务方面的可靠的供应商及物流系统，以及丰富的人脉资源，这些都是创业者不可或缺的宝贵资源。Shane（2003）指出，专门行业经验能够为创业者的创业知识提供基础，基于此，本书提出第三个假设：

H3：创业者具有越丰富的行业经验，其创业绩效越高。

（四）互联网经验

创业者的互联网交易经验程度也会对创业者的信心与成就感方面具有正向影响意义。网络创业与实体创业相比，有很多的不同之处。基于互联网背景下的创业中，创业者是否具有互联网经验也就具有关键的作用，如同前面所提到的，两位创业者在第一次互联网创业失败后，在寻找货源、网店宣传等方面总结经验教训，拓展了思维模式，更加清晰了消费者的喜好，这些经验都为她们的二次创业奠定了基础，同时提升了信心。武锋（2009）曾指出，寻找合适稳定的货源、建立稳定的客户服务关系、装饰宣传网店三者是影响网商成功的关键因素。网络经济时代的个性化、小众化和定制化，促使创业者更具有创新精神以及以客户为中心的经营理念。互联网的相关经验也会促进创业者更好地提高网络营销的方法，例如设置关键搜索词汇以及通过包邮、赠送小礼品等方式提高成交量，进而提高创业绩效。本书提出第四个假设：

H4：创业者具有越丰富的互联网经验，其创业绩效越高。

总之，在个人层面上，创业经验、管理经验、行业经验和互联网经验会增加创业者对互联网背景下的创业经营活动的了解，帮助其树立信心，它们对创业学习的影响是至关重要的，因此，会促进创业绩效的提高。

二、他人经验的调节作用

在本调查发放问卷之前,笔者为了对问卷进行修正,曾对淘宝网上两家企业的创业者进行了电话访谈,两位创业者分别经营服装行业与电子行业。在访谈的过程中,笔者发现了一个比较有趣的现象:两位创业者的创业绩效都比较好,但是在获取他人经验的行为上却呈现很大的差别。其中一位创业者并没有任何创业经验,但是会经常登录淘宝大学论坛,分享自己的经验,并获取他人的经验,进行模仿学习;而另外一位创业者曾经在淘宝网上经营过一家网店,最后以失败告终,但是却不知道淘宝大学的存在,更不会在此获取他人的经验。两位在同行业绩效较好的创业者为何在获取他人经验方面会存在这么大的差别?他人经验在"个人经验与创业绩效"间又起到怎样的调节作用,本节将主要探讨这个问题。

正如本研究在引言中的例子提到的,在互联网这个开放的平台上,创业者与创业者之间互相交流经验会变得更加容易和顺畅,班杜拉的社会学习理论提出了个体通过观察学习获得知识这种重要的途径,认为榜样的力量可以促进个体的成长。在互联网情境下,他人的经验显得更为重要及有价值。诸如淘宝网的淘宝大学等许多官方服务平台都在逐步完善,目的是促进创业者更好地进行创业学习。在淘宝大学的论坛中,设立了专门的经验分享交流板块,其经验交流涵盖了寻找货源、提升网店信誉、提高客户服务技巧、装饰宣传网店等各个方面。这些经验对于创业者,尤其是初次创业者来说,是非常宝贵的资源,使得更多的人了解并掌握在互联网背景下经营店铺的成功之道。与传统的实体创业相比,这种开放性的经验交流平台是难以想象的。但是,虽然他人经验更容易被获取,但是他人经验与个人经验的交互作用是否能够提高创业绩效也取决于创业者本身获取他人经验的意向。对于个人经验较少的创业者来说,他们会更愿意从网上获取他人的经验来提高创业绩效;而对于个人经验较多的创业来说,这种意愿的强度便会减弱,因为他们认为自身的经历和经验已经构建了经营网店所需要的知识,并积累了相关的资源,因此,便会较少主动地去获取他人的经验。由此可见,"个人经验与创业绩效"的关系会受到他人经验的调节作用。对于获取他人经验较多的创业者来说,他们会在淘宝大学获得许多通过自身努力没有办法得到的资源,因此个人经验(包括创业经验、管理经验、行业经验、互联网经验)对创业绩效的影响较小;而对于获取他人经验较少的创业者来说,他们在经营网店的过程中,主要还是依靠个人经验,因此个人经验对创业绩效的影响较大。基于此,本书提出以下假设 H5 至假设 H8:

H5:对于获得他人经验比较多的创业者来说,个人创业经验对创业绩效的影响较小;对于获得他人经验比较少的创业者来说,个人创业经验对创业绩效的影响较大。

H6：对于获得他人经验比较多的创业者来说，个人管理经验对创业绩效的影响较小；对于获得他人经验比较少的创业者来说，个人管理经验对创业绩效的影响较大。

H7：对于获得他人经验比较多的创业者来说，个人行业经验对创业绩效的影响较小；对于获得他人经验比较少的创业者来说，个人行业经验对创业绩效的影响较大。

H8：对于获得他人经验比较多的创业者来说，个人互联网经验对创业绩效的影响较小；对于获得他人经验比较少的创业者来说，个人互联网经验对创业绩效的影响较大。

因此，综合以上提出的8个假设，本书提出以下的研究思路框架，如图6-3所示。

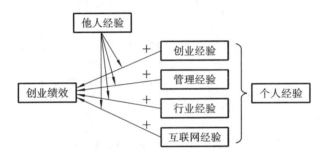

图 6-3　个人经验、他人经验与"互联网＋"创业学习研究思路框架

在文献综述的基础上，根据本书的研究内容提出了个体层面上的4个假设，即创业经验、管理经验、行业经验、互联网经验会促进创业绩效的提高；他人经验会对这四种关系产生调节作用。

第四节　个人经验、他人经验与"互联网＋"创业学习实证结果

一、问卷的编制

本书的目的是研究以淘宝网为例的互联网企业的创业者个人经验及其与他人经验的交互作用对创业绩效的影响。本问卷（见附录C）共25道题目，具体衡量指标如下：

1. 创业绩效

采用"您目前经营的网店平均月成交量为多少"（Y）作为衡量创业绩效的指标。

2. 创业经验

采用"您曾经创立过互联网企业的数量"（X_1）、"您目前经营网店的时间"（X_2）、"您在创立目前的网店的过程中，寻求过多少人的帮助"（X_3）（反向计分）三个客观问题衡量创业者的创业经验。

3. 管理经验

采用"您在之前的组织中的职位"（X_4）、"在之前的组织中您下属的人数"（X_5）、"您从事管理工作的年限"（X_6）三个客观问题衡量创业者的管理经验。

4. 行业经验

采用"您从事与现在相同行业的行业年限"（X_7）一个客观问题，以及在过去的从业过程中，"我积累了许多行业相关的物质资源"（X_8）、"我积累了许多行业相关的人脉资源"（X_9）两个主观问题来衡量创业者的行业经验。

5. 互联网经验

采用"在目前创立的网店前，我对经营网店寻找货源方面的熟悉程度较高"（X_{10}）、"在目前创立的网店前，我对经营网店维护客户关系方面的熟悉程度较高"（X_{11}）、"在目前创立的网店前，我对经营网店装饰宣传方面的熟悉程度较高"（X_{12}）三个主观问题来衡量创业者的互联网经验。

6. 他人经验

采用"您访问这些知识经验分享网页的频率如何""阅读平台上他人的经验所得的知识，对您的启发意义很大""在经营网店的过程中，我经常会想起他人在平台上分享的经验，并愿意在自己的网店中进行尝试"三个问题的平均值来衡量创业者获取他人经验的程度。

7. 关键事件（成功或者失败）的创业经验

采用"您曾经创立的网店现在还存在吗？"一个问题来判断创业者成功或失败的创业经验。

8. 控制变量

采用"性别""年龄""教育程度"三个问题作为控制变量。

9. 网店背景资料

采用"您目前经营的网店属于什么行业？""您目前经营的网店属于哪一信誉等级？"，以及"您目前经营的网店的人员规模？"三个问题了解创业者经营网店的背景资料。

二、样本及测量工具的选择

笔者认为，在不同行业中，创业者的个人经验及其与他人经验的交互作用均会对创业绩效产生影响,因此,所以本书在收集样本的过程中没有局限于单一的行业的企业。

笔者首先通过淘宝网的聊天软件阿里旺旺与不同行业的创业者取得联系,在联系的过程中征求他们的同意,并发放电子问卷,经过一段时间后进行回收,本次调查问卷共发放 250 份,最终回收 222 份,回收率达到 88.8%。在最后收集到的 222 份(其中 160 份问卷的创业者具有创业经验、管理经验、行业经验、互联网经验四种经验,62 份问卷的创业者没有参与过实体组织经营活动的经历,因此只有创业经验与互联网经验)。在调查的行业中,遍及了在淘宝网首页行业分布中的女装、男装、鞋靴、箱包、饰品、运动、电器、数码等行业。因此收集的问卷具有广泛的代表性。样本数据基本特征如表 6-1 所示。

表 6-1 样本数据基本特征

	个体特征	样本数/个	百分比/(%)
性别($N=222$)	男	103	46.4
	女	119	53.6
年龄($N=222$)	20 岁以下	32	14.4
	20～30 岁	120	54.1
	31～40 岁	60	27.0
	41～50 岁	10	4.5
	51 岁及以上	0	0.0
教育程度($N=222$)	初中及以下	23	10.4
	高中或中专	54	24.3
	大专	88	39.6
	大学本科	48	21.6
	硕士及以上	9	4.1

由表 6-1 可以看出,基于互联网的情境下,在性别上,女性创业者的比例略高于男性创业者;此外,将近 70% 的互联网创业者的年龄都在 31 岁以下,这是因为青年人更容易接受新鲜事物,并且有足够的意愿和经历来进行互联网创业;在教育程度上,样本中有 25.7% 的创业者接受过大学本科及以上的教育,其余 74.3% 的创业者接受过大专及大专以下的教育,这体现了互联网门槛低的特点,创业者不需要具有很高的学历,便可以进行创业活动。

本书首先采用 LISREL 统计软件对行业经验和互联网经验的 5 个主观打分题目进行验证性因子分析,判断指标与因子间是否存在错误的从属关系;接着采用 SPSS 统计软件进行:①描述性统计、多元回归分析来验证个体层面上创业经验、管理经验、行业经验、互联网经验与创业绩效间的关系;②层级回归分析来验证他人经验对个体层面四种经验与创业绩效间关系的调节作用;③单因素方差分析来探索在创业过程中关键事件,即成功和失败对创业绩效的影响,以及各个控制变量对创业绩效的影响。

三、实证结果与分析

(一)验证性因子分析

本问卷用来衡量个人经验维度共有 5 个主观打分问题,分别为行业经验中的"在过去的从业过程中,我积累了许多行业相关的物质资源""过去的从业过程中,我积累了许多行业相关的人脉资源",以及在互联网经验中的"在目前创立的网店前,我对经营网店寻找货源方面的熟悉程度较高""在目前创立的网店前,我对经营网店维护客户关系方面的熟悉程度较高""在目前创立的网店前,我对经营网店装饰宣传方面的熟悉程度较高"。为了验证问卷中的这 5 个题目与因子(即行业主观值和互联网经验)的从属关系是否正确,需要采用验证性因子分析加以判断。验证性因子分析(Confirmatory Factor Analysis,CFA)则对假设模型提供有意义的检验和拟合指标。CFA 在相关理论的基础之上,将理论和测量相互融合(McDonald et al.,1990),为保证构思结构的理论意义和测量有效提供证据。

在验证性因子分析中,模型是否被接受,通常考察以下拟合指标:近似误差均方根指数(RMSEA)、比较拟合指数(CFI)、拟合优度(GFI)(侯杰泰,2004)。对各拟合指标的判断要考虑多方面因素,才能得出较为准确的研究结论。一般认为当卡方值的显著性 $p<0.05$ 时,模型是可以接受的,但是卡方值大小与样本量有直接的关系,在看卡方值时必须考虑样本因素。其中 x^2/df 大于 10 表示模型很不理想,小于 5 表示模型可以接受,小于 2 则表示模型拟合得很好。当卡方值较小时,x^2/df 检验的意义较小,这时需要考虑其他指标(Medsker et al.,1994;丁岳枫,2006)。RMSEA 这一指标对错误模型比较敏感,可以用来表征模型质量。一般来说,当 RMSEA 小于 0.05 时表示完全拟合,介于 0.05 至 0.08 时表示拟合得较好,大于 0.1 则表明模型拟合得很差。比较拟合指数(CFI)和拟合优度(GFI)的变化区间为 0 到 1,越接近于 1 拟合度越好,一般认为当其大于或等于 0.9 时,模型可接受。

根据本书的理论模型,运行 CFA 程序,得出模型的路径图(见图 6-4)。

从图 6-4 可以看出,x^2/df 小于 2,RMSEA=0.052,表示该模型拟合得比较好,此外 NNFI=0.90,CFI=0.96,拟合程度较好。另外,5 个指标的载荷都不小于 0.4,因此可以判断 X_8、X_9 归属于 KSI1 行业主观值因子,X_{10}、X_{11}、X_{12} 归属于

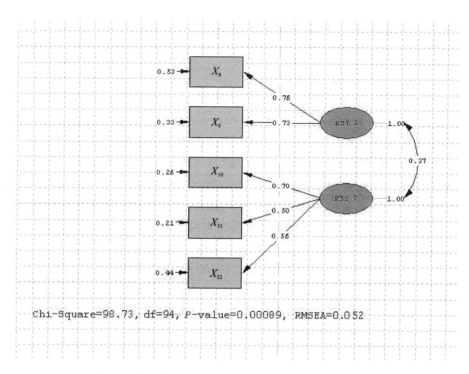

图 6-4 行业主观值、互联网经验验证性因子分析路径图

KSI2 互联网经验。因此,在统计分析中,将 X_8、X_9 两个题目取平均值作为自变量"行业主观值";将 X_{10}、X_{11}、X_{12} 三个题目取平均值作为自变量"互联网经验"。

(二)信度、效度分析

1. 信度分析

信度是指测验结果的一致性、稳定性及可靠性,一般多以内部一致性来衡量该测验信度的高低,通常采用内部一致性系数(即 α 系数)(Cronbach,1951)作为测量信度的指标。这个指标能准确地反映一个测量项目的一致性程度和内部结构的良好性(王重鸣,2003),通常要求信度在 0.7 以上,本书对问卷进行信度分析,Cronbach α 为 0.854,说明此问卷具有较好的信度。

2. 效度分析

本研究在前人文献的基础上,总结了互联网创业企业的特点及影响创业者成功的关键因素,提炼并开发出了用于衡量创业者个人经验及其与他人经验交互作用对创业绩效影响的调查问卷,满足对内容效度的要求。

(三) 相关与回归分析

由于本研究收回的 222 份问卷中,只有 160 份创业者具有创业经验、管理经验、行业经验、互联网经验四种经验,为了全面客观并不受其他因素干扰地探究这四种经验与创业绩效间的关系,在此步骤中的统计分析中,仅采用此 160 份问卷作为研究对象。

表 6-2 反映了本研究涉及的各变量的描述性统计和各变量间的相关系数。相关分析结果显示,变量 X_1 创业数量、X_2 创业时间、X_3 寻求帮助人数、X_4 管理职位、X_5 管理职位、X_6 管理年限、X_7 同行业年限、行业主观值、互联网经验值与变量 Y 月成交量的相关系数都在 0.01 水平上显著正相关,说明创业者的创业经验、管理经验、行业经验、互联网经验与创业绩效间有显著的相关关系,可以进行下一步的多元线性回归分析,从而为假设 1、2、3、4 的验证提供了基础。

表 6-2 各变量描述性统计和相关矩阵($N=160$)

	M	SD	Y	X_1	X_2	X_3	X_4	X_5	X_6	X_7	行业主观值	互联网经验
Y	3.17	1.01	1									
X_1	1.68	0.54	0.56**	1								
X_2	3.20	1.00	0.37**	0.23**	1							
X_3	3.31	70	42**	08	0.07**	1						
X_4	2.63	75	63**	41**	0.08	0.25**	1					
X_5	2.59	0.82	0.66**	0.42**	0.20**	0.20*	0.77**	1				
X_6	2.09	0.76	070**	0.61**	0.23**	0.08	0.52**	0.53**	1			
X_7	2.94	1.40	0.41**	0.04	−0.27**	0.15	0.43**	0.32**	0.29**	1		
行业主观值	3.24	0.76	0.60**	0.50**	0.41**	0.13	0.44**	0.53**	0.51**	−0.06	1	
互联网经验值	3.43	0.75	0.81**	0.52**	0.35**	0.31**	0.51**	0.61**	0.61**	0.16*	0.64**	1

注:** 表示 $p \leqslant 0.01$,* 表示 $p \leqslant 0.05$。

多元线性回归结果表明,调整的 R^2 为 0.845,说明回归方程解释了因变量变化的 84.5%,回程方程对观察值的拟合程度较好,且回归方程在显著水平 $\alpha=0.05$ 水平显著。

回归方程系数的显著性检验见表 6-3。

表 6-3 回归方程系数的显著性检验

模型	非标准化系数		标准系数	t	Sig.
	B	标准误差	试用版		
常量	−2.099	0.249		−8.422	0.000
X_{13} 性别	−0.014	0.067	−0.007	−0.203	0.839
X_{14} 年龄	0.124	0.059	0.091	2.100	0.037
X_{15} 教育程度	−0.071	0.042	−0.074	−1.716	0.088
X_1	0.180	0.079	0.097	2.282	0.024
X_2	0.158	0.039	0.158	4.072	0.000
X_3	0.218	0.052	0.151	4.219	0.000
X_4	0.079	0.074	0.059	1.077	0.283
X_5	0.065	0.067	0.052	0.961	0.338
X_6	0.231	0.064	0.172	3.587	0.000
X_7	0.211	0.029	0.290	7.158	0.000
行业主观值	0.124	0.062	0.093	2.009	0.046
互联网经验	0.523	0.067	0.390	7.770	0.000

由表 6-3 回归方程系数的显著性检验可看出,除了 X_4 管理职位、X_5 管理人数外,其余的自变量在 $\alpha=0.05$ 水平上对因变量月成交量有显著的正向影响。因此,假设 1 创业经验可以提高创业者的创业绩效、假设 3 行业经验可以提高创业者的创业绩效、假设 4 互联网经验可以提高创业者的创业绩效均可以被验证,假设 2 管理经验可以提高创业者的创业绩效得到部分验证,得到回归方程:

月成交量 $Y=-2.099+0.097\times X_1+0.158\times X_2+0.151\times X_3+0.172\times X_6+0.290\times X_7+0.093\times$ 行业主观值 $+0.390\times$ 互联网经验

(四) 方差分析

1. 个人层面关键事件(成功与失败)对创业绩效的检验

在回收的 222 份问卷中,共有 166 份问卷的创业者在创立目前经营的网店前曾经有过创业经历,其中 6 位创业者具有 2 次创业经历,并且均为一次成功和一次失败;为了更客观地探索关键事件对创业绩效的影响,在方差分析的过程中,去掉此 6 份问卷,仅选择 160 位在目前经营网店之前,仅有一次创业经历的创业者。其中,前一次创业成功者有 71 位;前一次创业失败者有 89 位。对这两组数据的创业绩效月成交量进行方差分析,结果见表 6-4。

表 6-4　关键事件(成功与失败)对创业绩效检验方差分析结果

变量名称	均值		F 值	显著性
	成功	失败		
月成交量	3.11	3.73	39.96	0.000**

由表 6-4 可以看出,关键事件,即成功和失败对创业者的创业绩效具有显著影响,并且,具有失败经历的创业者的创业绩效明显高于具有成功经验的创业者。这就证明了假设 1a:失败的创业经验比成功的创业经验更可以提高创业者的创业绩效。

2. 创业者的性别对创业绩效的检验

在回收的 222 份样本中,女性创业者的数量为 119,男性创业者的数量为 103,对这两组数据的创业绩效月成交量进行方差分析,结果见表 6-5。

表 6-5　性别对创业绩效检验方差分析结果

变量名称	均值		F 值	显著性
	女性	男性		
月成交量	3.23	3.09	0.740	0.391

由表 6-5 可以看出,基于互联网情境下,创业者的性别对创业绩效并没有显著的影响。

3. 创业者的年龄对创业绩效的检验

在回收的 222 份样本中,20 岁以下的创业者的数量为 32;20～30 岁的创业者数量为 120;30～40 岁的创业者有 60 位;40～50 岁的创业者有 10 位;50 岁以上的创业者数量为 0,对这 4 组数据的创业绩效月成交量进行方差分析,结果见表 6-6。

表 6-6　年龄对创业绩效检验方差分析结果

变量名称	均值				F 值	显著性
	20 岁以下	20～30	30～40	40～50		
月成交量	3.47	3.13	3.11	2.85	1.008	0.391

由表 6-6 可以看出,基于互联网情境下,创业者的年龄对创业绩效并没有显著的影响。

4. 创业者的教育程度对创业绩效的检验

在回收的 222 份样本中,教育程度为初中以下的创业者的数量为 23;高中或中专的创业者数量为 54;大专水平的创业者有 88 位;受过本科教育的创业者有 48 位;硕士及以上的创业者数量为 9,对这 5 组数据的创业绩效月成交量进行方差分析,结果见表 6-7。

表 6-7 教育程度对创业绩效检验方差分析结果

变量名称	均值					F 值	显著性
	初中以下	高中及中专	大专	本科	硕士及以上		
月成交量	3.56	3.30	3.02	3.12	3.22	1.135	0.342

由表 6-7 可以看出,基于互联网情境下,创业者的教育程度对创业绩效并没有显著的影响,因此更能够充分体现出在互联网情境与实体中情境下的不同之处,创业者不需要拥有很高的学历,也可以创造出很好的创业绩效。

(五) 他人经验的调节作用

本研究采用层级回归的方法来检验他人经验对创业者个体层面上的"创业经验-创业绩效"影响的调节作用。

1. 他人经验对"创业经验-创业绩效"的调节作用

创业经验是由 X_1 创业数量、X_2 创业时间、X_3 创业独立程度三个变量来衡量的,因此接下来分别检验他人经验对三个变量和创业绩效的调节作用。Step 1 放入控制变量 X_{13} 性别、X_{14} 年龄、X_{15} 教育程度;Step 2 放入 X_1 创业数量(X_2 创业时间、X_3 创业独立程度),Step 3 分别放入 X_1 创业数量(X_2 创业时间、X_3 创业独立程度)与他人经验的乘积项,进行层次回归检验,回归结果见表 6-8。

表 6-8 他人经验对 X_1 创业数量和创业绩效的调节作用回归分析结果

变量	创业绩效		
	Step 1	Step 2	Step 3
控制变量			
性别	−0.054	−0.020	−0.034
年龄	−0.068	−0.046	−0.062
教育程度	−0.060	0.012	0.007
自变量			
X_1 创业数量		0.523**	1.262**
调节变量			
他人经验		0.174**	0.452**
交互项			
$X_1 \times$ 他人经验			−0.868**
调整的 R^2	0.000	0.322	0.372
ΔR^2		0.322	0.050
F	0.949	16.119****	16.668****

表 6-8 结果显示，X_1 创业数量与他人经验的乘积项在 0.01 水平上显著，系数为 -0.868，表明他人经验与创业数量和创业绩效之间存在显著的调节作用。获取他人经验越多的创业者，其本身的创业数量对创业绩效的影响越小。根据层次回归分析结果，X_1 创业数量与他人经验的交互作用能显著影响创业绩效，接下来进一步分析他人经验在 X_1 创业数量与创业绩效关系之间起到的调节作用。根据陈晓萍等人(2008)提出的调节作用的分析和解释方法，本研究首先把自变量与调节变量中的连续变量进行整理。取调节变量他人经验中的中位数，对低于中位数和高于中位数的两组分别做回归(大于中位数的数据作为高他人经验组，小于中位数的数据作为低他人经验组)。本研究中他人经验的中位数为 3；因此，将他人经验得分为 4、5 分的作为高他人经验组($N_1=33$)；而将他人经验得分为 1、2 分的作为低他人经验组($N_2=52$)。

采用简单斜率分析的方法画出 X_1 创业数量与创业绩效的交互作用图(见图 6-5)，通过图 6-5 分析他人经验在 X_1 创业数量对创业绩效的影响过程中的调节作用。

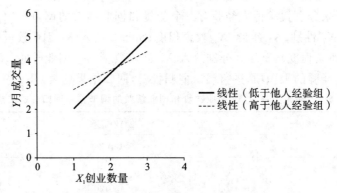

图 6-5　他人经验对 X_1 创业数量和创业绩效的调节作用

由图 6-5 可以看出，X_1 创业数量与创业绩效具有正相关关系。对于获取他人经验比较多的创业者来说，X_1 创业数量对创业绩效的影响较小；对于获取他人经验比较少的创业者来说，X_1 创业数量对创业绩效的影响则较大。

接下来检验他人经验对 X_2 创业时间与创业绩效的调节作用，依照上述三个步骤进行层级回归检验，分析结果见表 6-9。

表 6-9　他人经验对 X_2 创业时间和创业绩效的调节作用回归分析结果

变量	创业绩效		
	Step 1	Step 2	Step 3
控制变量			
性别	-0.054	-0.033	-0.039

续表

变量	创业绩效		
	Step 1	Step 2	Step 3
年龄	−0.068	−0.048	−0.035
教育程度	−0.060	−0.19	−0.053
自变量			
X_2 创业时间		0.315**	1.027**
调节变量			
他人经验		0.173*	0.865**
交互项			
X_2 × 他人经验			−1.152***
调整的 R^2	0.000	0.147	0.204
ΔR^2		0.147	0.057
F	0.949	6.493**	7.801**

表6-9结果显示，X_2 创业时间与他人经验的乘积项在0.01水平上显著，系数为−1.152，表明他人经验在创业时间和创业绩效之间存在显著的调节作用。获取他人经验越多的创业者，其本身的创业时间对创业绩效影响越小。根据层次回归分析结果，X_2 创业时间与他人经验的交互作用能显著影响创业绩效，接下来进一步分析他人经验对 X_2 创业时间与创业绩效的调节作用（见图6-6）。

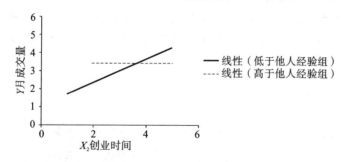

图6-6 他人经验对 X_2 创业时间和创业绩效的调节作用

由图6-6可以看出，对于获取较多他人经验的创业者来说，X_2 创业时间对创业绩效的影响较小，对应的趋势线的斜率接近为0；对于获取他人经验比较少的创业者来说，X_1 创业数量对创业绩效的影响较大。

接下来检验他人经验对 X_3 创业独立程度和创业绩效的调节作用，依照上述三个步骤进行层级回归检验，分析结果见表6-10。

表 6-10　他人经验对 X_3 创业独立程度和创业绩效的调节作用回归分析结果

变量	创业绩效		
	Step 1	Step 2	Step 3
控制变量			
性别	−0.054	−0.012	0.005
年龄	−0.068	−0.033	−0.029
教育程度	−0.060	−0.061	−0.074
自变量			
X_3 创业独立程度		0.394**	0.616**
调节变量			
他人经验		0.234**	0.759**
交互项			
X_3×他人经验			−0.623**
调整的 R^2	0.000	0.212	0.257
ΔR^2		0.212	0.045
F	0.949	9.577**	10.148***

表 6-10 结果显示，X_3 创业独立程度与他人经验的乘积项在 0.01 水平上显著，系数为 −0.623，表明他人经验在 X_3 创业独立程度和创业绩效之间存在显著的调节作用。获取他人经验越多的创业者，其本身的创业独立程度对创业绩效的影响越小。根据层次回归分析结果，X_3 创业独立程度与他人经验的交互作用能显著影响创业绩效，接下来进一步分析他人经验在 X_3 创业独立程度与创业绩效关系之间起到的调节作用（见图 6-7）。

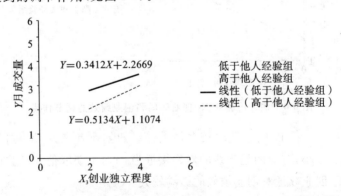

图 6-7　他人经验对 X_3 创业独立程度和创业绩效的调节作用

由图 6-7 可以看出,X_3 创业独立程度与创业绩效具有正相关关系,斜率分别为 0.5134 与 0.3412,说明对于获取他人经验比较多的创业者来说,X_3 创业独立程度对创业绩效的影响较小;对于获取他人经验比较少的创业者来说,X_3 创业独立程度对创业绩效的影响较大。

综上所述,他人经验对"X_1 创业数量、X_2 创业时间、X_3 创业独立程度-创业绩效"具有调节作用,因此假设 5"对于获得他人经验比较多的创业者来说,个人创业经验对创业绩效的影响较小;对于获得他人经验比较少的创业者来说,个人创业经验对创业绩效的影响较大"得到验证。

2. 他人经验对"管理经验-创业绩效"的调节作用

本研究衡量创业者的管理经验采用 X_4 管理职位、X_5 管理人数、X_6 管理年限三个变量。由于在之前的回归检验中,X_4 管理职位、X_5 管理人数与创业绩效在 0.05 水平上并没有显著的回归关系,因此,本部分仅检验他人经验对"X_6 管理年限-创业绩效"的调节作用。同样,依照上述三个步骤进行层级回归检验,分析结果见表 6-11。

表 6-11 他人经验对 X_6 管理年限和创业绩效的调节作用回归分析结果

变量	创业绩效		
	Step 1	Step 2	Step 3
控制变量			
性别	−0.054	−0.084	−0.075
年龄	−0.068	0.062	0.053
受教育程度	−0.060	−0.085	−0.059
自变量			
X_6 管理年限		0.677**	1.543**
调节变量			
他人经验		0.139*	0.877**
交互项			
$X_6 \times$ 他人经验			−1.264**
调整的 R^2	0.000	0.501	0.578
ΔR^2		0.501	0.077
F	0.949	32.914**	37.270***

表 6-11 结果显示,X_6 管理年限与他人经验的乘积项在 0.01 水平上显著,系数为 −1.264,表明他人经验在管理年限和创业绩效之间存在显著的调节作用。获取他人经验越多的创业者,其本身的管理年限对创业绩效的影响越小。根据层

次回归分析结果,X_6管理年限与他人经验的交互作用能显著影响创业绩效,接下来进一步分析他人经验在X_6管理年限与创业绩效关系之间起到的调节作用(见图6-8)。

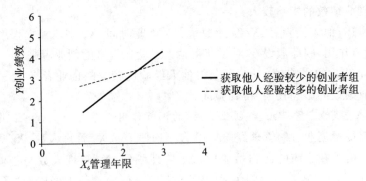

图6-8 他人经验对X_6管理年限和创业绩效的调节作用

由图6-8可以看出,X_6管理年限与创业绩效具有正相关关系,但是获取他人经验较多的创业者组斜率小于获取他人经验较少的创业者组,说明对于获取他人经验比较多的创业者来说,X_6管理年限对创业绩效的影响较小;对于获取他人经验比较少的创业者来说,X_6管理年限对创业绩效的影响较大。因此,假设6:"对于获得他人经验比较多的创业者来说,个人管理经验对创业绩效的影响较小;对于获得他人经验比较少的创业者来说,个人管理经验对创业绩效的影响较大"得到部分验证。

3. 他人经验对"行业经验-创业绩效"的调节作用

本研究衡量创业者的行业经验使用X_7同行业年限与行业主观值两个变量。其中X_7同行业年限是指"在目前创立的网店前,我曾在同行业中工作的年限"的得分值;行业主观值是指X_8"在目前创立的网店前,我在同行业中积累的市场资源程度"与X_9"在目前创立的网店前,我在同行业中积累的人脉资源程度"两者得分值的平均值。

首先检验他人经验对"X_7同行业年限-创业绩效"的调节作用。依照上述三个步骤进行层级回归检验,分析结果见表6-12。

表6-12 他人经验对X_7同行业年限和创业绩效的调节作用回归分析结果

变量	创业绩效		
	Step 1	Step 2	Step 3
控制变量			
性别	−0.054	0.011	0.021
年龄	−0.068	0.017	0.045

续表

变量	创业绩效		
	Step 1	Step 2	Step 3
教育程度	−0.060	−0.132	−0.120
自变量			
X_7 同行业年限		0.409**	1.068**
调节变量			
他人经验		0.233**	0.663**
交互项			
X_7×他人经验			−0.837**
调整的 R^2	0.000	0.218	0.265
ΔR^2		0.218	0.047
F	0.949	9.883**	10.534***

表6-12结果显示,X_7同行业年限与他人经验的乘积项在0.01水平上显著,系数为−0.837,表明他人经验在同行业年限和创业绩效之间存在显著的调节作用。获取他人经验越多的创业者,其本身的同行业年限对创业绩效的影响越小。根据层次回归分析结果,X_7同行业年限与他人经验的交互作用能显著影响创业绩效,接下来进一步分析他人经验对X_7同行业年限与创业绩效的调节作用(见图6-9)。

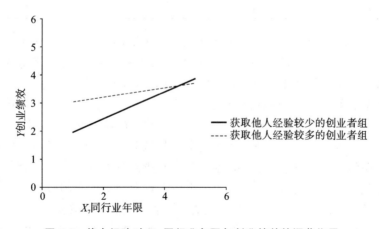

图6-9 他人经验对X_7同行业年限与创业绩效的调节作用

由图6-9可以看出,X_7同行业年限与创业绩效具有正相关关系,但是获取他人经验较多的创业者组斜率小于获取他人经验较少的创业者组,说明对于获取他人经验比较多的创业者来说，X_7同行业年限对创业绩效的影响较小；对于获取他人经验比较少的创业者来说，X_7同行业年限对创业绩效的影响较大。

接下来检验他人经验对"行业主观值-创业绩效"的调节作用，依照上述三个步骤进行层级回归检验，分析结果见表6-13。

表6-13 他人经验对行业主观值和创业绩效的调节作用回归分析结果

变量	创业绩效		
	Step 1	Step 2	Step 3
控制变量			
性别	−0.054	−0.034	−0.042
年龄	−0.068	−0.069	−0.076
受教育程度	−0.060	0.019	0.017
自变量			
行业主观值		0.569**	1.092**
调节变量			
他人经验		0.079	0.834**
交互项			
行业主观值×他人经验			−1.065**
调整的R^2	0.000	0.350	0.383
ΔR^2		0.350	0.033
F	0.949	18.128**	17.420**

表6-13结果显示，行业主观值与他人经验的乘积项在0.01水平上显著，系数为−1.065，表明他人经验在行业主观值和创业绩效之间存在显著的调节作用。获取他人经验越多的创业者，其本身的行业主观值对创业绩效的影响越小。根据层次回归分析结果，行业主观值与他人经验的交互作用能显著影响创业绩效，接下来进一步分析他人经验对行业主观值与创业绩效的调节作用（见图6-10）。

由图6-10可以看出，行业主观值与创业绩效具有正相关关系，但是获取他人经验较多的创业者组斜率小于获取他人经验较少的创业者组斜率，说明对于获取他人经验比较多的创业者来说，行业主观值对创业绩效的影响较小；对于获取他人经验比较少的创业者来说，行业主观值对创业绩效的影响较大。

综上所述，他人经验对"X_7同行业年限、行业主观值-创业绩效"关系具有调节作用，因此假设7"对于获得他人经验比较多的创业者来说，个人行业经验对创业绩效的影响较小；对于获得他人经验比较少的创业者来说，个人行业经验对创业绩效的影响较大"得到验证。

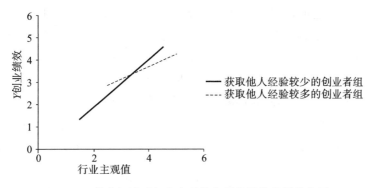

图 6-10　他人经验对行业主观值和创业绩效的调节作用

4. 他人经验对"互联网经验-创业绩效"的调节作用

本研究衡量创业者的互联网经验使用互联网经验这个变量。互联网经验是指 X_{10}"在目前创立的网店前,我对经营网店寻找货源方面的熟悉程度"、X_{11}"在目前创立的网店前,我对经营网店维护客户关系方面的熟悉程度"、X_{12}"在目前创立的网店前,我对经营网店装饰宣传方面的熟悉程度"三者得分值的平均值。

接下来检验他人经验对"互联网经验-创业绩效"的调节作用。依照上述三个步骤进行层级回归检验,分析结果见表 6-14。

表 6-14　他人经验对互联网经验和创业绩效的调节作用回归分析结果

变量	创业绩效		
	Step 1	Step 2	Step 3
控制变量			
性别	−0.054	−0.066	−0.070
年龄	−0.068	−0.007	−0.018
受教育程度	−0.060	−0.007	0.002
自变量			
互联网经验		0.794**	1.374**
调节变量			
他人经验		0.066	0.941**
交互项			
互联网经验×他人经验			−1.179**
调整的 R^2	0.000	0.658	0.695
ΔR^2		0.658	0.037
F	0.949	62.140**	61.393***

表 6-14 结果显示,互联网经验与他人经验的乘积项在 0.01 水平上显著,系数为－1.179,表明他人经验在互联网经验和创业绩效之间存在显著的调节作用。获取他人经验越多的创业者,其本身的互联网经验对创业绩效之间关系的影响越小。根据层次回归分析结果,互联网经验与他人经验的交互作用能显著影响创业绩效,接下来进一步分析他人经验在互联网经验与创业绩效关系之间起到的调节作用(见图 6-11)。

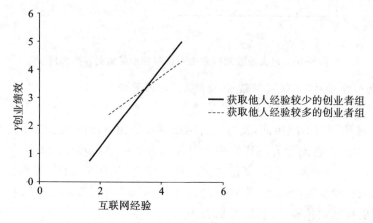

图 6-11 他人经验对互联网经验和创业绩效的调节作用

由图 6-11 可以看出,互联网经验与创业绩效具有正相关关系,但是获取他人经验较多的创业者组斜率小于获取他人经验较少的创业者组斜率,说明对于获取他人经验比较多的创业者来说,互联网经验对创业绩效的影响较小;对于获取他人经验比较少的创业者来说,互联网经验对创业绩效的影响较小。因此假设 8"对获得他人经验比较多的创业者来说,个人互联网经验对创业绩效的影响较小;对于获得他人经验比较少的创业者来说,个人互联网经验对创业绩效的影响较大"得到验证。

结合前文提出的 8 个假设,统计的结果表明:在个人层面上,创业者的创业经验、行业经验、互联网经验与创业绩效之间存在显著的正相关关系,但值得注意的是,管理经验与创业绩效并不存在显著的正相关关系。另外,他人经验对创业者的"创业经验-创业绩效""行业经验-创业绩效""互联网经验-创业绩效"具有显著的调节作用。对于获得他人经验比较多的创业者来说,个人经验对创业绩效的影响较小;对于获得他人经验比较少的创业者来说,个人经验对创业绩效的影响较大。

第五节 本章小结

以往的国内外文献对创业学习的研究,多数以实体创业者作为研究对象,并认为经验学习是创业学习的关键。Politis(2005)认为,实体创业者的经验可以分为创业经验、管理经验和行业经验。伴随着互联网时代的到来,互联网成了平民创业者聚焦的创业平台,这个现象也引起越来越多学者的关注。在互联网情境下,基于学者对互联网创业关键因素的探讨和研究,本书在 Politis 提出的三个经验基础之上,增加了互联网经验这一维度。从而研究在个体层面上,创业者四种经验对创业绩效的影响。

一、创业经验对创业绩效的影响

根据数据分析结果,假设1"创业经验可以提高创业者的创业绩效"得到了验证。具有创业经验的创业者已经有过通过互联网平台创业的经验,所以对创业初期的准备工作已经相对比较熟悉。例如在淘宝网上申请开店权限,如何使用数码相机及图像工具将商品的图片进行修饰后再上传至网上。另外,对于有创业经验的创业者来说,处理问题与解决困难的能力也较强。这些都为创业绩效的提高提供了基础。

二、管理经验对创业绩效的影响

根据数据分析结果,假设2管理经验可以提高创业者的创业绩效只得到了部分验证。回归结果表明,只有管理年限对创业绩效有显著的影响;而管理职位与管理的下属人数与创业绩效在 0.05 水平上均没有显著的回归关系。笔者认为,假设2只得到部分验证的原因在于实体组织与互联网创业企业的差别;互联网企业,尤其是淘宝网上的中小企业创业者面对的组织结构相对比较简单,组织人数也相对较少,因此,并非如实体组织那样根据职能划分各个部门,基本是创业者或创业团队完成从服务、销售、下单、填写订单、稽查核对、商品包装、联系物流到售后服务等全部流水线作业。因此创业者在创立网店之前在实体组织担任管理者的职位,以及管理的人数所积累的管理经验,并不能完全地被运用于互联网创业的过程中,因此,该经验并不能够显著提高在互联网情境下创业者的创业绩效。

三、行业经验对创业绩效的影响

根据数据分析结果,假设 3 行业经验可以提高创业者的创业绩效得到了验证。曾经有学者指出,创业者会更倾向于在自己比较熟悉的领域进行创业,因为创业者不仅了解该行业中商品或服务的具体特点,同时,能够预知未来的发展趋势,从而准确地识别并把握市场机会,而且之前在同行业的经历也可以为创业者提供许多物质及人脉方面的资源,这些在互联网创业的过程中都会为提高创业绩效创造条件。

四、互联网经验对创业绩效的影响

根据数据分析结果,假设 4 互联网经验可以提高创业者的创业绩效得到了验证。在关于互联网创业者成功因素的探讨文献中,许多学者将创业者寻找货源、宣传网店以及客户服务的能力列入影响成功的关键因素中。在淘宝大学中,关于这三个方面的经验分享也是极其热烈的,因为这三个环节在整个互联网交易的价值链上起到了关键的作用。因此,创业者具有涵盖这三种经验的互联网经验后,创业绩效便可以得到提高。

五、关键事件(成功或失败)对创业绩效的影响

根据方差分析的结果,成功和失败的经历都可以对创业绩效产生显著影响。并且,假设 1a"失败的创业经验比成功的创业经验更可以提高创业者的创业绩效"得到了证明。有过创业经验的创业者可以从之前的关键事件中进行反思。成功的经历可以使创业者增强创业信心,个人的创业知识也趋于稳定,在二次创业的过程中,创业者会更趋向使用相同的做法,并期待再次获得成功;而失败的经历则促使创业者进行反思和总结,进一步更新个人的创业知识,虽然失败的经历会导致创业者个人知识变得不稳定,但是其更新的结果会更接近创业知识的本质,因此,也对下一次创业产生更积极的影响。

六、他人经验对创业者个体层面上"个人经验-创业绩效"的调节作用

分析结果显示,他人经验对创业者的"创业经验-创业绩效""行业经验-创业绩

效""互联网经验-创业绩效"具有显著的调节作用。因为在之前的多元回归分析中,管理经验与创业绩效的关系只被部分验证,因此他人经验对"管理经验-创业绩效"的调节作用的假设6只得到部分验证。他人经验的调节作用为:对于获得他人经验比较多的创业者来说,个人经验对创业绩效的影响较小;对于获得他人经验比较少的创业者来说,个人经验对创业绩效的影响较大。这是由于,对于个人经验较多创业者来说,其个人层面的经验已经很丰富,并认为他人的经验与自身的经验存在一定程度上的重合,因此去获取他人经验的主动性相对较差。对于个人经验较少的创业者来说,个人层面的经验与创业绩效关系会较弱,因此这些创业者不会满足于利用本身较为缺乏的个人经验去提高创业绩效,而会更加主动地在开放性论坛中去吸取他人的经验进行创业学习。这些他人经验既包括成功的案例,可以为其他创业者带来启发与参考,又包括失败的经历,可以为其他创业者敲响警钟,因此,在互联网情境下的他人经验会显得更为全面和客观。

第七章　结论与讨论

互联网最初是作为一种工具出现的,企业与创业者面临的是"水泥＋鼠标"还是"鼠标＋水泥"的问题。随着"互联网＋"战略的提出,企业与创业者已经没有选择的困境,因为"互联网＋"成了创新创业者的现实背景。

从企业的层面来看,通过"互联网＋"创新创业,企业能够较快和较容易获得成本领先的优势,但是却使得这种战略所带来的竞争优势更难以维持;企业建立差异化优势变得更困难,但是企业一旦建立起差异化优势以后,企业能够更好地保持其竞争优势;当企业实施成本领先与差异化的战略融合时,"互联网＋"有助于提升其竞争优势。总体来看,企业实施"互联网＋"创新创业战略有利于提升企业的绩效。就目前来说,实施"互联网＋"战略的企业更多的还是自身具备相关的技术和能力,或者是其主营业务中包含服务型业务。但是,无论企业是否具有互联网基因,或者是采取何种方式实施"互联网＋"战略,最终落脚点都要放在促进互联网平台及相关技术与传统业务资源等的深度融合。只有将自身业务深度嵌入互联网平台,并将相关信息技术有机嵌入企业业务流程中,企业才能从"互联网＋"战略中获得真正的收益。

从创业者的层面来看,在"互联网＋"背景下,在个人层面上创业者的创业经验、行业经验、互联网经验与创业绩效之间存在显著影响。他人经验对创业者的"创业经验-创业绩效""行业经验-创业绩效""互联网经验-创业绩效"具有显著的调节作用。对于获得他人经验比较多的创业者来说,个人经验对创业绩效的影响较小;对于获得他人经验比较少的创业者来说,个人经验对创业绩效的影响较大。此外,关于虚拟社区,创业团队在线沟通等方面的研究也得出了一些有价值的结论。

由于自身资源的约束和经验的不足,本书中还存在一些不足和遗憾,有待进一步改进:①在理论方面,有关"互联网＋"创新创业的理论研究,还需要聚焦中国情境所提出的理论框架,还需更多的实证数据的验证;②在实证方面,本书中的案例研究、问卷调查、上市公司数据等样本的选取,都存在样本容量、数据时间等限制,对相关结论的准确性可能会产生一定的影响。尽管存在着一些不足,但本书大量的理论研究与实证研究对"互联网＋"创新创业领域的研究是一个有益的补充和完善。

附录 A 微信红包对创业团队微信沟通及其沟通满意度的影响研究

一、在线沟通

请根据您的实际情况选择最符合的项：1～5 表示非常不符合～非常符合。

题号	题目内容	1	2	3	4	5
1	在执行任务时，团队成员会互相通知任务内容					
2	如果任务发生变更，团队成员不会做出解释					
3	团队成员会通过文件、链接等形式互相提供和分享工作所需的相关信息					
4	团队成员会分享自己的一些想法					
5	有时团队成员会交流一些生活兴趣爱好					
6	有时团队成员会发一些搞笑的语句或语音视频					
7	有时团队成员会发一些网络流行段子					
8	有时团队成员会交流一些文娱活动内容					
9	有时团队成员会聊一些娱乐新闻					
10	团队成员之间会互相鼓励					
11	团队成员会互相问候对方的家人					
12	团队成员会互相关心私人困难（工作之外的困难）					
13	团队成员会讨论对方的职业规划					

二、沟通满意度

请根据您的实际情况选择最符合的项:1~5 表示非常不符合~非常符合。

题号	题目内容	1	2	3	4	5
1	通过微信,我了解了团队的成绩和失误					
2	通过微信,我了解了团队的改进措施					
3	我对团队通过微信沟通的沟通量感觉不满意					
4	我对团队通过微信沟通的顺畅程度感觉满意					
5	团队通过微信沟通所发布的各项信息和通知公告等是清晰的					
6	团队通过微信沟通所发布的各项信息和通知公告等是迅速的					
7	通过微信,我与团队成员的沟通不会有心理负担					
8	除工作关系外,我至少还与部分同事有着良好的私人关系					
9	通过微信,团队成员对我的信任让我感觉满意					
10	通过微信,团队成员对我的肯定让我感觉满意					
11	通过微信,团队成员对我的尊重让我感觉满意					

三、微信红包

1. 我收到团队成员每星期发放红包的频次 F 为(　　)。
A. 无　　B. $0 < F \leqslant 4$　　C. $4 < F \leqslant 7$　　D. $7 < F \leqslant 14$　　E. $F > 14$
2. 您的性别是(　　)。
A. 男　　B. 女
3. 您的最高学历(含同等水平学力)是(　　)。
A. 大专及以下　　B. 本科　　C. 硕士　　D. 博士
4. 您所在团队的产品/服务是(　　)。
A. 日用品销售(化妆品、日化品、医药保健品、衣帽鞋包、食品类等)
B. 技术开发(软件开发、网站制作、网络通信服务等)
C. 智力服务(培训机构、咨询服务、中介服务、影视制作、活动策划、广告设计

工作室等）

  D. 实体服务（餐饮、快递、物流等）

  E. 金融投资、实体投资等

  F. 其他

5. 您所在团队的微信群的人数是_____。

6. 请问您所在团队产品/服务的市场竞争程度（ ）?

  A. 不激烈 B. 比较不激烈 C. 一般 D. 比较激烈 E. 非常激烈

附录B 个人社会资本、虚拟集群与"互联网十"创业调查问卷

说明:本问卷中的"网络社区"指的是论坛(BBS)、博客、微博、问答社区等。

一、知识共享的经历

1. 您最常访问的网络社区是(　　)。(单选)

   A.阿里巴巴商人论坛　　B.淘宝论坛　　　　C.阿里巴巴生意经

   D.淘帮派　　　　　　　E.阿里巴巴博客　　F.淘江湖

   G.新浪博客　　　　　　H.阿里微博　　　　I.其他

2. 您以前有过互联网创业的经历吗?(　　)

   A.有　　　　　　　　　B.没有

3. 您的参与方式主要体现为(　　)。(最多可选2项)

   A.参与社区已有话题的讨论　　　B.主动发起新的讨论或写文章

   C.发帖提问寻求帮助　　　　　　D.搜索需要的信息或知识

   E.无目的地浏览信息　　　　　　F.灌水,打发时间

4. 您每周访问该网络社区的次数是(　　)。(单选)

   A.1次或更少　　　　　B.2~3次　　　　　C.4~6次

   D.7~9次　　　　　　　E.超过9次

二、请您谈谈在知识共享时的感受

对以下表述,请在您认同的感受选项下打"√",每题只能打一次"√"。

序号	内容	完全不同意	有点不同意	一般	比较同意	非常同意
1	我经常跟其他网商沟通交流					
2	我愿意与其他网商分享我的心得、经验等					
3	当我遇到问题时,我会向其他网商求助					

续表

序号	内容	完全不同意	有点不同意	一般	比较同意	非常同意
4	当有网友求助时,我会立刻为其提供能力范围之内的帮助					
5	阅读其他人的经验对我很有启发意义					
6	阿里巴巴公司提供的知识(如淘宝大学)能够帮助我进行新的任务					
7	我愿意回答其他网商提出的问题,为其提供信息					
8	如果我分享经验知识,我将结交到更多的朋友					
9	如果我分享经验知识,我将赢得网友们对我的信任					
10	如果我分享经验知识,我将能宣传自己或我的网店					
11	如果我分享经验知识,我的文章将得到重点推荐或成为精华帖					

三、描述创业者的社会关系

对以下表述,请在您认同的感受选项下打"√",每题只能打一次"√"。

序号	内容	完全不同意	有点不同意	一般	比较同意	非常同意
1	我的亲戚、朋友、熟人很多					
2	我和亲戚、朋友、熟人联系频繁					
3	我经常与亲戚、朋友、熟人讨论开店事宜					
4	亲戚、朋友、熟人促进我获得创业知识					
5	亲戚、朋友、熟人看好我的发展前景					
6	亲戚、朋友、熟人都认为我的产品和服务很有价值					

四、描述创业经历

对以下表述,请在您认同的感受选项下打"√",每题只能打一次"√"。

序号	内容	完全不同意	有点不同意	一般	比较同意	非常同意
1	我有强烈的成就需求,并愿意为此而主动承担风险					
2	我喜欢在一个团体中拥有更大的权力					
3	我更喜欢自己单独解决问题					
4	我认为我的网店一定能取得成功,为此我将坚持不懈地努力					
5	对商业机会存在一种特殊的警觉性或敏感性					
6	要识别出好的商业机会,需要在某个行业或市场中进行深入调研					
7	在日复一日的例行活动中,我总是能够看到在我身边存在商业机会					
8	我总能获得所需数量的技术、资金和产品					
9	我总能获得所需数量的信息和知识					
10	网上开店到现在销售利润率很好					
11	网上商店的产品销售额很高					
12	网上商店的产品或服务增加很快					
13	网上商店访问次数增长很快					
14	最近我刚/要聘请更多员工					

五、个人基本情况

1. 您的性别是(　　)。

A. 女　　　　　　　　　B. 男

2. 您的年龄是(　　)。

A. <20 岁　　　　　　B. 20~24 岁　　　　　C. 25~29 岁

D. 30~34 岁　　　　　E. 35~39 岁　　　　　F. 40~44 岁

G. 45～49 岁　　　　　　　　H. 50 岁

3. 您的受教育程度是(　　)。

A. 初中及以下　　　　　　B. 高中/中专　　　　　　C. 大专

D. 本科　　　　　　　　　E. 硕士及以上

4. 您使用网络的时间是(　　)。

A. 不到 1 年　　　　　　　B. 1～2 年　　　　　　　C. 3～4 年

D. 5～6 年　　　　　　　　E. 超过 6 年

5. 您所在的企业人员规模为(　　)。

A. 不到 10 人　　　　　　　B. 10～20 人　　　　　　C. 21～50 人

D. 51～100 人　　　　　　　E. 101～200 人　　　　　F. 201～300 人

G. 超过 300 人

附录 C 个人经验、他人经验与"互联网+"创业学习调查问卷

第一部分:创业网店背景资料

1. 您目前经营的网店属于什么行业?(   )
   A. 服装服饰(服装、鞋履)
   B. 箱包配饰(箱包、珠宝、手表、配饰、眼镜)
   C. 数码家电(家用电器)
   D. 美容护发(护肤品、美容美发用品)
   E. 生活用品(食品、厨具、家纺)
   F. 家具建材(建材、家具、家饰)
   G. 文化娱乐(书籍、玩具、乐器、光碟)
   H. 其他,请说明_____

2. 您目前经营的网店属于哪一信誉等级?(   )
   A. 心类 (1)1 心 (2)2 心 (3)3 心 (4)4 心 (5)5 心
   B. 钻类 (1)1 钻 (2)2 钻 (3)3 钻 (4)4 钻 (5)5 钻
   C. 蓝冠 (1)1 顶 (2)2 顶 (3)3 顶 (4)4 顶 (5)5 顶
   D. 金冠 (1)1 顶 (2)2 顶 (3)3 顶 (4)4 顶 (5)5 顶

3. 您目前经营的网店的人员规模?(   )
   A. 1~2 人   B. 3~5 人   C. 6~10 人
   D. 11~20 人   E. 21~50 人   F. 51~100 人
   G. 超过 100 人

4. 您目前经营的网店平均月成交量为多少?(   )
   A. 100 件及以下   B. 101~500 件   C. 501~1000 件
   D. 1001~2000 件   E. 2001 件及以上

第二部分:请您谈谈在知识共享时的感受

1. 您访问这些知识经验分享网页的频率如何?(   )

A. 每天多次　　　　　　B. 每天 1 次　　　　　　C. 每周 1 次
D. 想起来才会访问　　　E. 从来都不会访问

2. 对以下表述,请在您认同的感受选项下打"√",每题只能打一次"√"。

序号	内容	完全不同意	有点不同意	一般	比较同意	非常同意
1	通过阅读平台上他人的经验所得的知识,对您的启发意义很大					
2	在经营网店的过程中,我经常会想起他人在平台上分享的经验,并愿意在自己的网店中进行尝试					

第三部分:个体层面的经验调查

1. 您的性别是(　　)。
   A. 女　　　　　　　　　B. 男
2. 您的年龄是(　　)。
   A. <20 岁　　　　　　　B. 20~30 岁　　　　　　C. 31~40 岁
   D. 41~50 岁　　　　　　E. 51 岁及以上
3. 您的受教育程度是(　　)。
   A. 初中及以下　　　　　B. 高中/中专　　　　　　C. 大专
   D. 本科　　　　　　　　E. 硕士及以上
4. 您目前经营网店的时间为(　　)。
   A. 1 年以下　　　　　　B. 1~2 年　　　　　　　C. 2~3 年
   D. 3~4 年　　　　　　　E. 4 年及以上
5. 您在创立目前的网店的过程中,寻求过多少人的帮助?(　　)
   A. 没有　　　　　　　　B. 1~2 人　　　　　　　C. 3~5 人
   D. 6~10 人　　　　　　E. 11 人及以上
6. 您曾经创立的互联网企业的数量为(　　)。
   A. 没有(请跳过第 7 题)　B. 1 家　　　　　　　　C. 2 家
   D. 3 家　　　　　　　　E. 4 家及以上
7. 您曾经创立的网店现在还存在吗?(　　)
   A. 存在
   B. 不存在
8. 您目前经营网店之前,是否有过在其他组织(包括实体组织及网店)工作的

经历？（　　）

　　A. 是

　　B. 否（请跳过第 9、10 题，直接回答第 11 题）

9. 您在之前的组织中的职位（以下职称可对应）是（　　）。

　　A. 普通职员　　　　　　B. 主管　　　　　　　　C. 经理

　　D. 总监或以上　　　　　E. 其他，请说明＿＿＿＿＿

10. 在之前的组织中您的下属人数为（　　）。

　　A. 没有下属　　　　　　B. 1～30 人　　　　　　C. 31～50 人

　　D. 51～100 人　　　　　E. 101 人及以上

11. 您从事管理工作的年限是（　　）。

　　A. 1 年以下　　　　　　B. 1～2 年　　　　　　　C. 2～3 年

　　D. 3～4 年　　　　　　　E. 4 年及以上

12. 您从事与现在相同行业的行业年限（例如，您现在在网上经营服装，您曾经从事线下服装行业工作的年限）？（　　）

　　A. 1 年以下　　　　　　B. 1～2 年　　　　　　　C. 2～3 年

　　D. 3～4 年　　　　　　　E. 4 年及以上

13. 在过去的从业过程中，请在您认同的感受选项下打"√"，每题只能打一次"√"。

序号	内容	完全不同意	有点不同意	一般	比较同意	非常同意
1	与我目前经营网店所处的行业相近程度高					
2	我积累了许多行业相关的物质资源					
3	我积累了许多行业相关的人脉资源					

14. 在创建网店之前，请在您认同的感受选项下打"√"，每题只能打一次"√"。

序号	内容	完全不同意	有点不同意	一般	比较同意	非常同意
1	在目前创立的网店前，我对经营网店寻找货源方面的熟悉程度较高					
2	在目前创立的网店前，我对经营网店维护客户关系方面的熟悉程度较高					
3	在目前创立的网店前，我对经营网店装饰宣传方面的熟悉程度较高					

参 考 文 献

[1] 陈忠卫,张广琦,胡登峰.新创企业创业团队特征与离职倾向的关系研究[J].现代管理科学,2013,(10).

[2] 程立茹.互联网经济下企业价值网络创新研究[J].中国工业经济,2013,(09).

[3] 邓乔茜,王丞,周志民.社会化媒体营销研究述评[J].外国经济与管理,2015,(01).

[4] 方世建,杨双胜.国外创业学习研究前沿探析与未来展望[J].外国经济与管理,2010,(05).

[5] 冯必扬.人情社会与契约社会——基于社会交换理论的视角[J].社会科学,2011,(09).

[6] 高维和,陈信康,江晓东,等.协同沟通与企业绩效:承诺的中介作用与治理机制的调节作用[J].管理世界,2010,(11).

[7] 贺小刚,李新春.企业家能力与企业成长:基于中国经验的实证研究[J].经济研究,2005,(10).

[8] 侯汉坡,何明珂,庞毅,等.互联网资源属性及经济影响分析.管理世界,2010,(03).

[9] 胡保亮.商业模式创新、技术创新与企业绩效关系:基于创业板上市企业的实证研究[J].科技进步与对策,2012,(03).

[10] 胡桂兰.创业团队风险感知与创业决策关系研究——基于团队沟通的中介作用分析[J].技术经济与管理研究,2014,(07).

[11] 胡桂兰.创业团队异质性、团队沟通与风险感知关系研究[J].创新与创业教育,2015,(05).

[12] 华中生.网络环境下的平台服务及其管理问题[J].管理科学学报,2013,(12).

[13] 黄泰岩,牛飞亮.西方企业网络理论与企业家的成长[J].中国工业经济,1999,(02).

[14] 姜付秀,伊志宏,苏飞,等.管理者背景特征与企业过度投资行为.管理世界,2009,(01).

[15] 孔伟杰.制造业企业转型升级影响因素研究——基于浙江省制造业企业大

样本问卷调查的实证研究[J].管理世界,2012,(09).

[16] 李海舰,田跃新,李文杰.互联网思维与传统企业再造[J].中国工业经济,2014,(10).

[17] 李廉水,吴利华,徐彦武,等.公司跨行业转型:特征分析与风险控制——以中国上市公司跨行业转型成功与失败的典型个案为例[J].管理世界,2004,(01).

[18] 李树祥,梁巧转,杨柳青.团队认知多样性和团队沟通对团队创造力的影响研究[J].科学学与科学技术管理,2012,(12).

[19] 李维安,邱艾超.民营企业治理转型、政治联系与公司业绩[J].管理科学,2010,(04).

[20] 李伟民.论人情——关于中国人社会交往的分析和探讨[J].中山大学学报:社会科学版,1996,(02).

[21] 李晓军.基于微信平台的大型复杂项目内部沟通管理研究[J].中国管理信息化,2016,(05).

[22] 李彦普.大学生网络创业问题与对策探讨[J].创新与创业教育,2011,(04).

[23] 刘斌,魏倩,吕越,等.制造业服务化与价值链升级[J].经济研究,2016,(03).

[24] 刘建刚,钱玺娇."互联网+"战略下企业技术创新与商业模式创新协同发展路径研究——以小米科技有限责任公司为案例[J].科技进步与对策,2016,(01).

[25] 刘璟.新闻娱乐化研究的轨迹与问题——SSCI核心期刊新闻娱乐化研究述评[J].国际新闻界,2011,(10).

[26] 柳洲."互联网+"与产业集群互联网化升级研究[J].科学学与科学技术管理,2015,(08).

[27] 罗珉,李亮宇.互联网时代的商业模式创新:价值创造视角[J].中国工业经济,2015,(01).

[28] 罗念龙,郭迅华,陈国青.企业内部博客使用对员工沟通满意度的影响[J].清华大学学报(自然科学版),2014,(07).

[29] 罗仲伟,任国良,焦豪,等.动态能力、技术范式转变与创新战略——基于腾讯微信"整合"与"迭代"微创新的纵向案例分析[J].管理世界,2014,(08).

[30] 毛蕴诗,张伟涛,魏姝羽.企业转型升级:中国管理研究的前沿领域——基于SSCI和CSSCI(2002—2013年)的文献研究[J].学术研究,2015,(01).

[31] 倪宁,王重鸣.创业学习研究领域的反思[J].科研管理,2005,(06).

[32] 李浩,聂子龙.产业融合中的企业战略思考[J].南方经济,2003,(05).

[33] 钱小军,詹晓丽.关于沟通满意度以及影响的因子分析和实证研究[J].管

理评论,2005,(06).

[34] 石书德,张帏,高建.新企业创业团队的治理机制与团队绩效的关系[J].管理科学学报,2016,(05).

[35] 束义明,郝振省.高管团队沟通对决策绩效的影响:环境动态性的调节作用[J].科学学与科学技术管理,2015,(04).

[36] 宋远方,成栋.现代企业的存亡之道——信息化带来的全面挑战[J].管理世界,2003,(10).

[37] 田莉,龙丹.创业过程中先前经验的作用解析——最新研究成果评述[J].经济理论与经济管理,2009,(11).

[38] 王德鲁,张米尔,周敏.产业转型中转型企业技术能力研究评述——兼论转型企业技术能力再造途径[J].管理科学学报,2006,(03).

[39] 王德鲁.企业产业转型与管理[M].中国经济出版,2012.

[40] Nader Sheykh Ai Eslami Kandlousi, Aness Janee Lli, Abdollahi Organizational Citizenship Behavior in Concern of Communication Satisfaction: The Role of the Formal and Informal Communication[J]. International Journal of Business & Management,2010,5(10).

[41] Gry Agnete Alsos, Lars Kolvereid. The Business Gestation Process of Novice, Serial, and Parallel Business Founders[J]. Entrepreneurship. Theory & Practice,1998,22(4):101-114.

[42] Ammari G., Alkurdi, B., Alshurideh, M., Obeidat, B., Hussien, A. H. A., & Alrowwad, A. Investigating the Impact of Communication Satisfaction on Organizational Commitment: A Practical Approach to Increase Employees' Loyalty[J]. International Journal of Marketing Studies,2017.9(2):113.

[43] Bostjan Antoncic, Robert D Hisrich. Intrapreneurship: Construct Refinement and Cross-cultural Validation[J]. Journal of Business Venturing,2001,16(5):495-527.

[44] Bostjan Antoncic. Organizational Processes in Intrapreneurship: A Conceptual Integration[J]. Journal of Enterprising Culture,2001,9(2):221-235.

[45] Aral S, Weill P. IT Assets, Organizational Capabilities, and Firm Performance: How Resource Allocations and Organizational Differences Explain Performance Variation[J]. Organization Science,2007,18(5):763-780.

[46] Ardichivili, A., Cardozo. R., & Ray, S. A theory of entrepreneurial

opportunity identification and development[J]. Journal of Business Venturing,2003,18(1):105-123.

[47] Bantel K A,Jackson S E. Top Management and Innovation in Banking: Does the Composition of the Top Team Make a Difference?[J]. Strategic Management Journal,1989,10:107-124.

[48] Bardhan I R. Toward a Theory to Study the Use of Collaborative Product Commerce for Product Development[J]. Information Technology and Management,2007,8(2):167-184.

[49] Barker V L III,Duhaime I M. Strategic Change in the Turnaround Process: Theory and Empirical Evidence[J]. Strategic Management Journal,1997,18(1): 13-38.

[50] Baron, R. A. Opportunity recognition as pattern recognition: how entrepreneurs "connect the dots" to identify new business opportunities [J]. Academy of Management Perspectives,2006,20(1):104-119.

[51] Baron,Robert A. Cognitive mechanisms in entrepreneurship: Why and when entrepreneurs think differently than others people[J]. Journal of Business Venturing,1998,13(4):275-294..

[52] Baum J A C,Calabrese T,Silverman B S. Don't Go It Alone: Alliance Network Composition and Startups' Performance in Canadian Biotechnology[J]. Strategic Management Journal,2000,21(3):267-294.

[53] Benjamin et al. Information Technology: A Strategic Opportunity[J]. Sloan Management Review,1984,25(3): 3-10.

[54] Benjamin R I,Levinson E. A Framework for Managing IT-Enabled Change: Sloan Management Review[J]. European Journal of Information Systems,1993,34(4):23-33.

[55] Bharadwaj A S. A Resource-Based Perspective on Information Technology Capability and Firm Performance: An Empirical Investigation[J]. MIS Quarterly,2000,(24:1):169-196.

[56] Biggadike R. The Risky Business of Diversification[J]. Harvard Business Review,1989,57(3):103-111.

[57] Blumenthal B, Haspeslagh P. Toward a Definition of Corporate Transformation[J]. Sloan Management Review,1994,35(3):101-106.